生活法律漫談
Law about Life

遠離暴力侵害
婦女人身安全法寶

柯伊伶 著

墮胎犯法嗎？代理孕母合法嗎？
遭遇職場性別歧視時，如何處理？
發生家庭暴力或性侵害時，怎麼辦？
本書是您瞭解婦女權益的最佳法寶！

三民書局

國家圖書館出版品預行編目資料

遠離暴力侵害:婦女人身安全「法」寶／柯伊伶著.
－－初版一刷.－－臺北市：三民，2006
　　面；　　公分.－－(生活法律漫談)
　ISBN 957-14-4510-X　（平裝）

　1.家庭暴力－法規論述 2.性犯罪－法規論述
　3.婦女－法規論述

544.18023　　　　　　　　　　　　　95005497

三民網路書店　http：∥www.sanmin.com.tw

ⓒ　**遠離暴力侵害**
　　　——婦女人身安全「法」寶

著作人	柯伊伶
發行人	劉振強
著作財產權人	三民書局股份有限公司 臺北市復興北路386號
發行所	三民書局股份有限公司 地址／臺北市復興北路386號 電話／(02)25006600 郵撥／0009998-5
印刷所	三民書局股份有限公司
門市部	復北店／臺北市復興北路386號 重南店／臺北市重慶南路一段61號
初版一刷	2006年4月
編　號	S 585590

基本定價　伍元

行政院新聞局登記證局版臺業字第〇二〇〇號

ISBN　957-14-4510-X　（平裝）

序

從小，常聽起母親談起外婆的故事。外婆的丈夫早逝，因此外婆一個女人辛苦的在磚窯場裡挑磚塊拉拔六個小孩長大，聽母親說起外婆的腳常被掉落的磚塊砸到破皮流血，但隔天還是得去上工，因為不賺錢，就沒有飯吃；母親小時候常沒錢吃飯，半夜肚子餓醒告訴外婆，外婆安慰說：「乖，趕快睡，睡著就不餓了」；還有常因沒錢繳學費被叫到司令臺前罰站，還曾經因此蹺課，卻被外婆發現打得半死，外婆一邊打、一邊哭，罵著：「我這麼辛苦賺錢就是希望能讓你們讀書，竟然不去讀書，枉費我這麼辛苦……」。在兒女們都長大成人，該享清福的時候，外婆卻不良於行，罹患了老年癡呆症，外婆的一生，彷彿就是早期傳統婦女的辛苦寫照。

再想想自己，從我懂事開始，父親經營的工廠，隨著經濟的發展，規模越來越大，父親從來沒有讓我們挨餓過，甚至想要什麼就有什麼，就這樣沒有後顧之憂的一路求學。畢業後第一年就順利考上律師，接著結婚、生子，有著疼我的老公、可愛的兒子，和體貼我的公公婆婆，一直以為外婆的故事，在現代的臺灣，恐怕已經絕跡了吧！

但是隨著執業年資越來越久，看到社會婦女權益受到侵害的現象越來越多，才知道近年來婦女地位雖然逐漸提升，但是社會型態的改變，現代婦女所需承受的壓力遠遠超出傳統女性，加上傳統男尊女卑、男主外女主內的觀念仍未徹底破除，家庭暴力事件、就業性別歧視等仍時有所聞，而治安的敗壞、犯罪型態的多

元，更讓性騷擾、性侵害事件層出不窮，婦女的人身安全，很遺憾的，沒有隨著時代的進步而改善，反而處處接受挑戰。

所幸這幾年來有賴於各界的努力，「家庭暴力防治法」、「性騷擾防治法」、「性侵害防治法」、「兩性工作平等法」、「性別教育平等法」等法律陸續制訂通過，其中對於家庭暴力的防治、性騷擾、性侵害的處理，甚至女性的工作權、教育權保障等，都有了明確的規範。本書的完成，就是希望能以淺顯易懂的方式，簡單介紹這些與婦女人身安全、健康權、工作權相關的法律，讓讀者能對上開法律有初步的認識，而能在遭遇各種狀態下勇敢捍衛自己的權利，共同為婦女地位的實質提升而努力，但本人才疏學淺，本書匆忙付梓，錯誤、疏漏之處難免，還望各界多多指教！

謹以此書獻給我生命中重要的女性，苦命偉大的外婆王陳阿蕊、苦心教育我的母親王秋霞、疼我的奶奶柯蔡美雲、和體貼我的婆婆王彩微，還有一路相伴的妹妹柯伊貞、柯懿芝、柯灌玲，謝謝妳們！

柯伊伶 謹識

2006 年 4 月於英碩聯合法律事務所

遠離 暴力侵害
婦女人身安全法寶

目次

貳、性騷擾篇

參、性侵害篇

肆、婦女健康及工作篇

伍、其他常見婦女人身安全事件

壹

家庭暴力篇

1. 何謂家庭暴力？

案例

　　小玲與阿威在民國八十五年結婚，婚後原本幸福美滿，也順利的生下兩個活潑可愛的小孩，但是阿威自從生意失敗以後，就開始自暴自棄，並染上酗酒的惡習。阿威喝醉酒後，屢次動手打小玲及兩個小孩，小玲為了家庭的完整，一再忍耐，也相信阿威只是一時心情不好，只要給他時間，他會改過的，但是日子一天天過去，阿威不但沒有改變，反而變本加厲，出手一次比一次更重。這天，阿威又喝醉酒回來了，回到家看到小玲和兩個小孩在客廳看電視，就衝上前把電視關掉，命令小玲和兩個小孩跪在地上，並開始對他們破口大罵、拳打腳踢，小玲很惶恐，腦筋一片空白，不知道該怎麼辦？

解說

　　家庭暴力是長久以來一直存在於社會的問題，家庭暴力跟一般傷害案件不同的，就是它具有循環性，可能一而再、再而三的發生，家庭暴力除了對受害者身心造成嚴重的創傷外，也將會衍生很多的社會問題（如小孩因此蹺家、混幫派等），為了防止家庭暴力的發生，並減少社會問題的衍生，我國在民國八十七年六月廿四日公布施行了「家庭暴力防治法」，破除了以往「法不入家門」

的觀念，賦予法院有權可以介入解決家庭紛爭。

而依該法規定，所謂的「家庭暴力」，是指家庭成員間實施身體上或精神上不法侵害的行為。而「家庭成員」的範圍，包括很廣，含(1)配偶或前配偶：如夫妻、前夫前妻；(2)現有或曾有事實上之夫妻關係者：如同居或曾同居的男女朋友；(3)家長家屬或家屬間關係者：如設籍於同一戶的戶長與戶內的成員、或戶內的成員相互間；(4)現為或曾為直系血親或直系姻親：如現為或曾為父母子女、祖孫、養父母及養子女、公婆與媳婦、岳父母與女婿等；(5)現為或曾為四等親以內之旁系血親或旁系姻親：如現為或曾為兄弟姊妹、叔、伯、姑、舅、姨、堂兄弟姊妹、表兄弟姊妹、姪子、外甥、姪孫外甥孫，還有妯娌、連襟、姑丈、伯叔母、姨丈、姪媳、姪女婿、外甥媳、外甥女婿、堂兄弟媳、堂姊妹夫、表兄弟媳、表姊妹夫、姪孫媳、姪孫女婿、外甥孫媳、外甥孫女婿等，以及具有以上這五種關係的人的未成年子女間，都屬於所謂的「家庭成員」。只要是具有上述關係的人，實施「身體上」或「精神上」的不法侵害行為，都屬於家庭暴力，可以適用「家庭暴力防治法」的規定來聲請保護令並尋求保護。

因此，案例中，小玲與阿威有配偶之關係，阿威與兩個小孩，亦屬直系血親關係，符合所謂的「家庭成員」，阿威對小玲及兩個小孩子拳打腳踢，即屬實施「身體上」的不法侵害，威脅小玲和兩個小孩，使小玲與兩個小孩心生恐懼，此亦屬於一種「精神上」的不法侵害行為，因此當然屬於家庭暴力，小玲與兩個小孩可以適用「家庭暴力防治法」的規定來聲請保護令及尋求相關協助。

參考法條

家庭暴力防治法第二條、第三條、民法第一千一百二十二條、第一千一百二十三條、第九百六十七條、第九百六十八條、第九百六十九條、第九百七十條、第九百七十一條、法院辦理家庭暴力案件應行注意事項第壹一丙一二點。

2. 遭受家庭暴力時，該怎麼辦？可以向誰尋求協助？

●案例

　　小玲長期遭受丈夫阿威的暴力傷害,這天阿威喝醉酒回家後,又對小玲及兩個孩子破口大罵、拳打腳踢,罵到激動處,還衝到廚房拿出菜刀,嚷著要和小玲及兩個小孩同歸於盡,小玲為了顧及小孩的安全,趁阿威在廚房尋找菜刀之際,帶著兩個小孩逃出家門,但是,接下來呢?身無分文也無親人在身邊的小玲,除了在公園裡不斷徘徊以外,不知道該往哪裡去,也不知道下一步該怎麼做,更不知道能向誰尋求協助?

(解說)

　　根據調查,家庭暴力的發生,通常都在酒後或深夜,而會開始動手打人,通常已經失去了理智,故正在遭受家庭暴力時,切記勿再嘗試與對方爭辯,更不要還手或再用言語激怒對方,應先想辦法保護自己及小孩子的人身安全,並想辦法逃離現場,不得已無法走避時,應以雙手抵擋保護身體重要部位,並大聲呼救,讓附近的親人或鄰居可以聽到而來協助處理。

　　而根據研究顯示,家庭暴力通常都是一而再、再而三的發生,因此,如果之前曾經發生過家庭暴力的情況,就應該要注意防範再次發生,及早避免,如丈夫通常是在喝醉酒後動手,一看到丈

夫喝醉酒回來，就應該及早走避，避免正面衝突，而且平時也要做一些準備工作，如移走家中危險物品，避免家庭暴力發生時，對方拿來當作武器傷害自己，又應該把一些重要的物品，如現金、身分證明文件、換洗衣物、隨身必需品等，預先準備在一個包包裡，以便家庭暴力發生時得隨時帶走，如小孩已經懂事，應該教導小孩如遇此種緊急狀況時，應如何撥打電話求救。

遇到家庭暴力，不要覺得丟臉，因為這不是您的錯，更不能想不開，看看您的小孩，想想您其他的親友，就會覺得人生還有很多美好的事，此時，應該要勇於向他人求助，挺身保護自己及孩子的安全，您可以選擇以下兩個求助方式：

一、撥打婦幼保護專線──電話號碼「113」：

這個號碼是免付費電話，且二十四小時全年無休，都有專職社工員輪值提供服務，不僅是家庭暴力，包括兒童保護及性侵害事件，也都可以撥打這個電話，社工員會提供被害人以下協助：

㈠提供心理諮商：當遭受家庭暴力，心情沮喪，不知該怎麼辦時，社工員會給被害人心理支持，陪被害人一同面對問題。

㈡討論安全計畫：不論被害人想繼續與加害人共同生活或想離開加害人，社工員都會協助被害人擬定適合的安全計畫，避免繼續遭受暴力。

㈢提供法律諮詢：社工員可以告知被害人法律上所享有的權利，並幫助被害人主張權利。

㈣提供緊急救援：如被害人正遭受暴力需緊急救援時，社工

員會立即聯絡所在地警察機關立即派員前往現場終止暴力、護送被害人安全離開，必要時亦有社工人員前往協助。

㈤提供緊急庇護：當被害人需要暫時的安全住所時，社工員會聯絡相關單位為被害人及其家人安排隱密、安全的暫時住所。因此，平時即應牢記這個電話號碼，如果小孩年紀較大，已經可以清楚表達意思的話，平時也要教育小孩如遇緊急家暴情況，可趁機打這個電話號碼尋求幫助。

二、向警察機關報案

報案時警員會詢問家庭暴力發生的詳細情況，警察機關可以協助被害人驗傷、聲請保護令、甚至可以受理被害人追訴加害人的傷害罪責。不過，在此必須特別提醒，要注意蒐證的重要性，很多遭受家庭暴力的被害人，常常因處在憂鬱的情緒當中，而忘了要蒐集證據，等到考慮清楚要站出來主張權利時，想再回頭去找證據，往往為時已晚。因為通常到了法院，雙方都會各說各話，加害人通常會否認有暴力行為，而法院認定犯罪事實必須要憑證據，除了被害人的

遭受家庭暴力時應勇於求助，勇敢地捍衛自己的權利與安全。（圖片來源：ShutterStock）

陳述以外，還必須參考其他證據，才能認定對方是否確實有家暴情事，如果不懂得做蒐證的工作，可能會因證據不足而無法取得保護令或使加害人逍遙法外。因此，遭受家庭暴力，不管您是否有要追究的打算，都要先把證據保留起來，因為即便您不想追究，但是對方將來有可能主張是您無故離家出走、不履行同居義務，甚至以此為由訴請判決離婚，此時您唯有保留相關證據，將來才能拿出來替您自己主張權利。遭到家庭暴力時，您可以蒐集哪些證據？

(一)驗傷：不論您的傷勢如何，即便只是紅腫、瘀青，也要盡快到醫院驗傷，並清楚告訴醫生這是被何人、用何種手段所傷害，請醫師開立驗傷單(即診斷證明書，甲種或乙種診斷證明書均可)。

(二)拍照存證：可以將您受傷的情況拍照存證，如果有東西被砸毀、摔壞，也可以把東西損壞的狀況拍照起來存證，並最好使用有記載日期的照相機。

(三)取得凶器：如果對方不是空手打您，有用工具，如棍、棒、衣架甚至菜刀等，也可以想辦法取得這些工具以便將來當作證據，即便沒有將凶器留下來，也要把凶器拍照存證。

(四)尋找證人：遭受家庭暴力時應盡可能讓親友、鄰居等知道，並瞭解證人的姓名、地址等資料，將來有必要時可以請他們出庭作證，因為驗傷單只能證明有受傷，但是無法證明如何受傷，也無法證明是被誰打的，如果只有驗傷單，將來出庭時對方可能會主張是您自己故意製造、被其他人打或跌倒摔傷等。

(五)錄音：可想辦法錄下加害人承認曾經動手打人的事實，或

錄下目擊證人陳述有看見家暴情況的陳述。

　　因此，案例中，小玲遭受阿威的暴力對待，可選擇撥打「113」婦幼保護專線向社工員尋求協助，或到所在地警察局去尋求幫忙，且不管小玲後續有沒有要聲請保護令或追究阿威的傷害行為，都記得要盡快到醫院去驗傷，並盡力蒐集、保留相關證據。

 參考法條

　　警察機關執行保護令及處理家庭暴力案件辦法第二條、第三條、刑事訴訟法第一百五十四條。

3. 警察單位面對家庭暴力時，通常會如何處理？

案例

小玲受到丈夫阿威的暴力傷害，鼓起勇氣到派出所去報案，但是警察竟然告訴小玲說：「這是您們的家務事，我們沒有辦法管！」，真的是這樣嗎？求助無門的小玲該怎麼辦呢？

解說

在以往，因為法律沒有明確規範警察機關處理家庭暴力事件的方法，再加上傳統勸合不勸離的觀念，遇到家庭暴力事件，員警常常以「家務事」為藉口打發被害人或勸雙方和解，而不願受理報案。但是隨著「家庭暴力防治法」的訂定，內政部制訂了「警察機關執行保護令及處理家庭暴力案件辦法」，該辦法中明文規定警察機關受理家庭暴力案件，應即派員處理，使警察處理家庭暴力案件，有遵循的依據，不得再以「家務事」的觀念拒絕處理。

為了能更完善的處理家庭暴力案件，目前各警察分局均設有「家庭暴力防治官」，他們是受過處理家庭暴力案件專業訓練的警察人員，會竭盡所能協助被害人。警察機關受理家庭暴力案件，通常依下列程序處理：

一、受理報案時

如被害人以電話報案，警察機關受理時會詢問詳細情形，並通報轄區派出所後續處理。被害人至警察機關報案時，警員將填製「處理家庭暴力案件調查記錄表」，並將乙份送交當事人收執。

二、現場處理時

員警到達家庭暴力發生現場後，會依現場狀況，適當隔離雙方，並嚴予監控加害人，甚至可以現行犯，予以逕行逮捕。被害人如已受傷，會協助呼叫救護車送醫。員警至現場處理家庭暴力案件時，也會製作「處理家庭暴力案件調查記錄表」及「處理家庭暴力案件現場報告表」。

三、後續處理

依被害人之意思，員警後續會協助處理下列事務：

㈠追究傷害犯行：因加害人所犯之傷害罪是屬於告訴乃論之罪，被害人需於知悉犯罪加害人之日起六個月內決定對加害人提出告訴，法院才能進行訴追。故被害人如不願提出告訴，員警即予結案，註記於工作紀錄簿上即可，並告知被害人應有的權利。被害人如欲提出告訴，員警即予製作筆錄，並進行偵查，傳喚加害人到案說明後，函送地方法院檢察署偵查。

㈡聲請保護令：若被害人需要聲請民事保護令，警察機關會協助被害人辦理聲請手續，並於法院核發後依核定之保護令指定之時間、地點派員協助執行。警察人員執行保護令時會製作「執行保護令紀錄表」，其中乙份送交給被害人，被害人應保留每次之

執行紀錄，將來可作為違反保護令罪舉證之用。

㈢告知相關權利：如受害者欲提出離婚請求，員警將告知應另行向法院民事庭提出離婚訴訟。

㈣轉介適當機構：員警並會依個案的需要轉介適當機構協助處理，如轉介進行協談、行為偏差青少年輔導、法律諮詢服務、就業職訓、醫療服務等。若被害人住居所有安全顧慮，警方會聯絡社政單位提供緊急庇護場所，並依需要護送被害人至安全的處所。

因此，案例中，警察以家務事為藉口推託小玲報案的請求，小玲可與警察溝通，向警察表示「家庭暴力防治法」施行後，警察有處理家庭暴力案件之義務，並堅持報案，請求警察製作「處理家庭暴力案件調查記錄表」及「處理家庭暴力案件現場報告表」，並且提供乙份留存，以作為報案及將來聲請保護令、提出告訴之依據。如警察堅持打發小玲不願受理，小玲可將該警察之姓名記錄下來，改透過撥打 110 或 113 之方式請求協助處理，對於該違反規定不受理之警察，可對其行為提出申訴，以糾正其不適當之行為。

參考法條

家庭暴力防治法第五十二條、警察機關執行保護令及處理家庭暴力案件辦法第二條、第四條、第五條、第六條、第七條、第八條、第九條、第十條、第十一條、第二十四條。

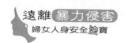

4. 何謂保護令? 保護令的項目有哪些?

案例

　　小玲一再遭受丈夫阿威的暴力傷害，這次決定不再縱容，毅然決然到派出所報案，警察先生告訴小玲可以聲請保護令，但是小玲不知道保護令是什麼，也搞不懂保護令的種類有哪些、有什麼作用，更不知道該如何聲請?

解說

　　所謂保護令是家庭暴力發生後，由法院核發，用來約束加害人的行為或者課予加害人特定義務，以保護被害人及家屬不再受加害人的傷害。而保護令的項目共有以下十二項，被害人可以視情況選擇聲請其中一項或多項：

表一：保護令的項目、類別、內容

項　目	類　別	內　容
第一項	禁止暴力之禁制令	禁止加害人對於被害人或其特定家庭成員實施家庭暴力。
第二項	禁止騷擾之禁制令	禁止加害人直接或間接對於被害人為騷擾、通話、通信或其他非必要之聯絡行為。
第三項	逐出令	命加害人遷出被害人之住居所，必要時並得禁止加害人就該不動產為處分行為或為其他假處分。

第四項	隔離令	命加害人遠離被害人之住居所、學校、工作場所或其他被害人或其特定家庭成員經常出入之特定場所特定之距離。
第五項	交付令	定汽、機車及其他個人生活上、職業上或教育上必需品之使用權，必要時並得命交付之。
第六項	行使負擔親權令	定未成年子女權利義務之行使或負擔，暫由當事人之一方或雙方共同任之、行使或負擔之內容及方法，必要時並得命交付子女。
第七項	禁止探視令	定加害人對未成年子女會面交往之方式，必要時並得禁止會面交往。
第八項	扶養費給付令	命加害人給付被害人住居所之租金或被害人及其未成年子女之扶養費。
第九項	費用負擔令	命加害人交付被害人或特定家庭成員之醫療、輔導、庇護所或財物損害等費用。
第十項	治療令	命加害人完成加害人戒癮治療、精神治療、心理輔導或其他治療、輔導等處遇計畫。
第十一項	律師費負擔令	命加害人負擔相當之律師費。
第十二項	其他保護令	命其他保護被害人及其特定家庭成員之必要命令。

因此，案例中，小玲可向法院聲請保護令來保護自己和小孩的安全，小玲除了可以聲請法院禁止阿威對於她及小孩再實施家庭暴力外，小玲也可以視需要聲請法院要求阿威搬出住所、遠離她及小孩五百公尺以上、交付小玲使用的機車、小孩的生活用品

及負擔小孩的扶養費等，甚至可以聲請法院命令阿威接受戒酒的治療，法院調查後會視情況做出裁定。

參考法條

家庭暴力防治法第十三條。

5.暫時保護令與通常保護令的區別為何?

案例

經過員警的一番解釋,小玲終於瞭解保護令的意義與效用,但是員警接著問小玲想要聲請「暫時保護令」或「通常保護令」,小玲又傻了,不瞭解二者的差別在哪裡?聲請哪一種對她比較有利?

解說

保護令依核發程序及效力期間可分為「緊急暫時保護令」、「一般暫時保護令」及「通常保護令」三種,以下分別說明之:

一、緊急暫時保護令

是當被害人遭受家庭暴力而有急迫危險時,由檢察官、警察機關或直轄市、縣(市)主管機關,以言詞、書面或電信傳真方式向法院聲請,被害人沒有直接聲請此項保護令的權利,法院受理後,除有正當事由外,依法必須於四小時內核發緊急性暫時保護令,以盡速提供被害人保護。

二、一般暫時保護令

當被害人遭受家庭暴力,如尚未達急迫危險情況,但確有安

全上的現時考量，需要在法院審理終結前先發給暫時保護令時，可向法院聲請發給一般暫時保護令，法院受理後得不經審理程序或於審理終結前，先核發一般暫時保護令。

三、通常保護令

當被害人遭受家庭暴力，但無急迫需要保護之情形時，可向法院聲請通常保護令。法院受理後，會定期開庭審理，待審理後認定被害人確有核發保護令保護之必要時，會核發保護令，通常聲請到保護令核發下來為止，需費時一個月以上的時間。

而聲請緊急暫時保護令或一般暫時保護令者，法院雖然在未經審理前會先發給暫時保護令，但法院核發後，因視為已有通常保護令之聲請，故發給後仍會定期審理，審理後如確認有保護之必要，會再發給通常保護令。暫時保護令於法院審理終結核發通常保護令或駁回聲請時即失去效力。而通常保護令則自核發起一年內有效，失效前當事人及被害人得向法院聲請撤銷變更或延長，延長時間為一年以下並以一次為限。

因此，案例中，小玲可以評估她目前的狀況是否有遭受家庭暴力的急迫危險來決定要聲請何種保護令，如果小玲目前可以帶著小孩投靠朋友，阿威暫時找不到他們，則尚未達急迫危險情況，警察機關尚無須協助聲請緊急暫時保護令，但是小玲如果怕聲請通常保護令要費時一個月以上的時間法院才能核發下來，這段期間內小玲怕阿威又前來騷擾，可以先聲請一般暫時保護令，聲請以後法院會先核發一個暫時的保護令給小玲，嗣後再定期審理以

決定是否核發通常保護令。

 **參考法條**

　　家庭暴力防治法第九條、第十四條、第十五條。

6. 如何聲請保護令?

案例

　　經過員警的詳細解釋，小玲評估過後，決定暫時帶著小孩投靠朋友，並先向法院聲請一般暫時保護令，但是小玲不懂接下來要怎麼提出聲請？要向誰聲請？

解說

　　除緊急暫時保護令被害人無聲請權，必須由檢察官、警察機關或直轄市、縣（市）主管機關聲請外，其他一般暫時保護令或通常保護令，被害人、檢察官、警察機關，及各直轄市、縣（市）政府家庭暴力暨性侵害防治中心均可提出聲請。如被害人是未成年人、身心障礙或難以委任代理人者，他的法定代理人、三親等以內的血親或姻親，均可以代替提出聲請。

　　而保護令之聲請，必須以書面向法院提出，所以必須填寫聲請狀，向被害人的住所、居所或相對人的住所、居所或家庭暴力發生地的法院投遞（可以選擇以郵寄之方式寄到法院或直接送到法院的聯合服務中心收狀處）。而各縣（市）政府家庭暴力防治中心及警察局各分局均有提供保護令的聲請狀範例供被害人勾選、填寫，被害人不必害怕不會聲請。聲請狀之範例如下：

民事（一般性）暫時保護令聲請書狀

聲請人（即）　○○○　　住　　　　　送達處所：

法定代理人　　　　　　住

代理人　　　　　　　　住

被害人　　　　　　　　住

相對人　　○○○　　　住

為聲請民事一般性暫時保護令事：

　　聲請意旨

聲請對相對人核發下列內容之暫時保護令（請勾選符合您所欲聲請之保護令內容）：

□相對人不得對下列之人實施身體或精神上不法侵害之行為：

　□被害人；□被害人子女；□被害人其他家庭成員。

□相對人不得直接或間接對於被害人為下列聯絡行為：

　□騷擾；□通話；□通信；□其他＿＿＿＿。

□相對人應在　年　月　日　時前遷出被害人之下列住居所：　　　　，將全部鑰匙交付被害人。

□相對人不得就上開不動產（包括建物及其座落土地）為任何處分行為；亦不得為下列有礙於被害人使用該不動產之行為：

　□出租；□出借；□設定負擔；□其他＿＿＿＿。

□相對人應遠離下列場所至少　　　公尺；

□被害人住居所（地址：　　　　　　　　　）；

□被害人學校（地址：　　　　　　　　　　）；

□被害人工作場所（地址：　　　　　　　　）；

□其他被害人或其特定家庭成員經常出入之場所及其地址：　　　。

□相對人應遠離下列區域□　縣（市）　鄉鎮市　以東　以西　以南　以北。□鄰里。□其他　　　。

□下列物品之使用權歸被害人：□汽車（車號：　　）；□機車（車號：　　）；□其他物品　　。□相對人應於　年　月　日　時前，在將上開物品連同相關證件、鑰匙等交付被害人。

□下列未成年子女權利義務之行使或負擔，由□被害人、□相對人、□被害人及相對人共同，以下述方式任之；未成年子女姓名、性別、出生年月日、權利義務行使負擔之內容及方法：

□相對人應於　年　月　日　午　時前，將子女　　交付被害人。

□其他保護被害人及其特定家庭成員之必要命令。

□程序費用由相對人負擔。

　　　　原因事實

（請勾選符合您本件聲請之事實，如有其他補充陳述，請在「其他」項下填寫）

㈠被害人、相對人之關係：□婚姻中（□共同生活□分居）□離婚；□現有或□曾有下列關係：□事實上夫妻關係□家長

家屬□家屬間□直系血親□直系姻親□四親等內旁系血親□
四親等內旁系姻親□其他：＿＿＿＿。

(二)被害人之職業：　　　、經濟狀況：　　　、教育程度：　　　；

相對人之職業：　　　、經濟狀況：　　　、教育程度：　　　；

□有共同子女　人；其中未成年子女　人，姓名及年齡　　。

(三)家庭暴力發生之時間、原因、地點：

發生時間：　年　月　日　時　分。

發生原因：□感情問題□個性不合□口角□慣常性虐待□酗
酒□施用毒品、禁藥或其他迷幻藥物□財務問題□兒女管教
問題□親屬相處問題□不良嗜好□精神異常□出入不當場所
（場所種類：　　　）□其他：＿＿＿＿。

發生地點：　　　　　　　　　　　　　　　　　　。

(四)被害人及其家庭成員是否遭受相對人暴力攻擊？□是□否；
如是，遭受攻擊者姓名：　　　，係□兒童□少年□成人□老
人。

遭受何種暴力？□普通傷害□重傷害□殺人未遂□殺人□性
侵害□妨害自由□其他　　　　。

攻擊態樣：□使用槍枝□使用刀械□使用棍棒□徒手□其
他：＿＿＿＿。

是否受傷？□是□否，如是，受傷部位：　　　　。

是否驗傷？□是□否，如是，是否經醫療院所開具驗傷單？
□是□否。

(五)被害人及其家庭成員是否遭受相對人恐嚇、脅迫、辱罵及其

他精神上不法侵害？□是□否。如是，其具體內容為：　　　。

(六)是否有任何財物毀損？□是□否，如是，被毀損之物品
為：　　　，屬於　　　所有。

(七)相對人以前是否曾對被害人及其家庭成員實施暴力行為？□
是□否，如是，共　次，最近一次之時間：　年　月　日，
被害人：　　　。

相對人以前是否曾因家庭暴力行為，經法院核發民事保護令？
□是□否，如是，共　次。

(八)相對人以前是否曾以言詞、文字或其他方法恐嚇被害人不得
報警或尋求協助？□是□否。

(九)相對人以前是否曾受□戒癮（□酒精、□藥物濫用、□毒品、
□其他＿＿＿）治療、□精神治療、□心理輔導？如是，其
治療或輔導機構為：　　　，成效如何？　　　。

(十)被害人希望相對人交付物品之場所為：　　　。

(土)被害人是否要求對其本人及子女之住居所予以保密？□是□
否。

(圭)其他：

此　致
臺灣　　　地方法院家事法庭
證物名稱及件數
中華民國　　　年　　　月　　　日
具狀人　　　　　　　簽名蓋章
撰狀人　　　　　　　簽名蓋章

民事通常保護令聲請書狀

聲請人（即）　○○○　　住　　　送達處所：

法定代理人　　　　　住

代理人　　　　　　　住

被害人　　　　　　　住

相對人　　○○○　　住

為聲請民事通常保護令事：

　　聲請意旨

聲請對相對人核發下列內容之通常保護令（請勾選符合您所欲

聲請之保護令內容）：

□相對人不得對下列之人實施身體或精神上不法侵害之行為：

　□被害人：　　　　　□被害人子女：　　　；□被害人其他家庭

成員：　　　。

□相對人不得直接或間接對於被害人為下列聯絡行為：□騷擾；

　□通話；□通信；□其他＿＿＿＿。

□相對人應在　年　月　日　時前遷出被害人之下列住居

　所：　　　　　，將全部鑰匙交付被害人。□相對人不得就上

　開不動產（包括建物及其座落土地）為任何處分行為；亦不

　得為下列有礙於被害人使用該不動產之行為：□出租；□出

　借；□設定負擔；□其他＿＿＿＿。

□相對人應遠離下列場所至少　　　公尺；

□被害人住居所（地址：　　　　　　　　）；

□被害人學校（地址：　　　　　　　　）；

□被害人工作場所（地址：　　　　　　）；

□其他被害人或其特定家庭成員經常出入之場所及其地址：

　　　　　　　　　　　　　　　　　　。

□相對人應遠離下列區域□　　縣（市）　　鄉鎮市　以

東　以西　　以南　　以北。□鄰里。□其他＿＿＿＿。

□下列物品之使用權歸被害人：□汽車（車號：　　　）；□機

車（車號：　　　）；□其他物品＿＿＿＿。□相對人應於

年　月　日　時前，在　將上開物品連同相關證件、鑰匙等

交付被害人。

□下列未成年子女權利義務之行使或負擔，由□被害人、□相

對人、□被害人及相對人共同，以下述方式任之；未成年子

女姓名、性別、出生年月日、權利義務行使負擔之內容及方

法：

□相對人應於　年　月　日　午　時前，將子女　　交付

被害人。

□相對人得以下列方式與前開未成年子女會面交往：

□相對人不得與前開未成年子女為任何會面交往。

□相對人應按月於每月　日前給付被害人：□住居所租金（新

臺幣，下同）　　　　元，□扶養費　　　元、□未成年子女

（姓名）　　　之扶養費　　　元。

□相對人應交付下列費用予被害人或特定家庭成員（姓

名）　　：□醫療費用　　　元、□輔導費用　　　元、□

庇護所費用　　　元、□財物損害費用　　　元、□其他費

用　　　元。

□相對人應完成下列處遇計畫：□戒癮（酒精、□藥物濫用、

　□毒品、□其他＿＿＿）治療、□精神治療、□心理輔導、

　□其他＿＿＿。

□相對人應負擔律師費　　　　　元。

□其他保護被害人及其特定家庭成員之必要命令：

□程序費用由相對人負擔。

　　原因事實

（請勾選符合您本件聲請之事實，如有其他補充陳述，請在「其

他」項下填寫）

(一)被害人、相對人之關係：□婚姻中（□共同生活□分居）□

　離婚；□現有或□曾有下列關係：□事實上夫妻關係□家長

　家屬□家屬間□直系血親□直系姻親□四親等內旁系血親□

　四親等內旁系姻親□其他：＿＿＿。

(二)被害人之職業：　　　、經濟狀況：　　　、教育程度：　　　；

　相對人之職業：　　　、經濟狀況：　　　、教育程度：　　　；

　□有共同子女　人；其中未成年子女　人，姓名及年齡　。

(三)家庭暴力發生之時間、原因、地點：

　發生時間：　年　月　日　時　分

　發生原因：□感情問題□個性不合□口角□慣常性虐待□酗

　酒□施用毒品、禁藥或其他迷幻藥物□財務問題□兒女管教

問題□親屬相處問題□不良嗜好□精神異常□出入不當場所（場所種類：　　）□其他＿＿＿。

發生地點：　　　　　　　　　　　　　　　　　。

㈣被害人及其家庭成員是否遭受相對人暴力攻擊？□是□否；如是，遭受攻擊者姓名：　　，係□兒童□少年□成人□老人。

遭受何種暴力？□普通傷害□重傷害□殺人未遂□殺人□性侵害□妨害自由□其他＿＿＿。

攻擊態樣：□使用槍枝□使用刀械□使用棍棒□徒手□其他：　　。

是否受傷？□是□否，如是，受傷部位：　　　。

是否驗傷？□是□否，如是，是否經醫療院所開具驗傷單？□是□否。

㈤被害人及其家庭成員是否遭受相對人恐嚇、脅迫、辱罵及其他精神上不法侵害？□是□否，如是，其具體內容為：　　。

㈥是否有任何財物毀損？□是□否，如是，被毀損之物品為：　　，屬於　　　所有。

㈦相對人以前是否曾對被害人及其家庭成員實施暴力行為？□是□否，如是，共　次，最近一次之時間：　年　月　日，被害人：　　。

相對人以前是否曾因家庭暴力行為，經法院核發民事保護令？□是□否，如是，共　次。

㈧相對人以前是否曾以言詞、文字或其他方法恐嚇被害人不得

報警或尋求協助？□是□否。

(九)相對人以前是否曾受□戒癮（□酒精、□藥物濫用、□毒品、□其他＿＿＿）治療、□精神治療、□心理輔導？如是，其治療或輔導機構為：　　　，成效如何？　　　。

(十)被害人希望相對人交付物品之場所為：　　　。

(土)被害人是否要求對其本人及子女之住居所予以保密？□是□否。

(圭)其他：

　　此　致

臺灣　　地方法院家事法庭

證物名稱及件數

中華民國　　　年　　　月　　　日

具狀人　　　　　　簽名蓋章

撰狀人　　　　　　簽名蓋章

　　如由被害人自行提出聲請，勾選、填寫完聲請狀後，要在狀紙後面附上驗傷單、照片等相關證物，如有聲請傳喚證人，也要把證人的姓名和地址寫在狀紙內，最好另外再影印一份自己留存，且須繳納聲請費新臺幣一千元。填寫完後可直接送到法院的聯合服務中心收狀處，並請收狀處人員在我們留存的那一份蓋上收狀章，將來才可以知道在什麼時候提出聲請，亦可以郵寄方式寄送到法院，但必須以「雙掛號」郵寄（聲請費要另外買郵局匯票附

在狀紙內），法院收到後，郵局會將蓋了法院收狀章的回執寄回來存查。

因此，案例中，小玲可以請求警察提供聲請狀的範例，小玲依照需要勾選及填入資料，並附上驗傷單、照片、證人資料等相關證據後，向法院收狀處遞送並繳交聲請費，大約一個禮拜的時間（視各法院及法官的作業時間而有不同），小玲就會收到法院核發的暫時保護令。

 **參考法條**

家庭暴力防治法第九條、第十條、第十一條。

7. 保護令的審理程序及核發要件

案例

　　小玲遞送暫時保護令的聲請狀到法院後，第七天法院寄來了暫時保護令，但是再經過一個禮拜之後，小玲又收到法院的開庭通知，要小玲到庭說明，小玲不瞭解為什麼還要到法院去？到法院去要怎麼說？還有，到法院去會遇到阿威嗎？如果阿威又發起瘋來打人怎麼辦？

解說

　　所謂「暫時」保護令，顧名思義，就是法院在通常保護令核發下來以前，暫時提供給被害人保護的一種命令，因此，暫時保護令的效力只是暫時的，法院核發暫時保護令以後，即視為已有通常保護令之聲請，後續會進入調查、審理的程序來決定是否發給通常保護令。

　　而因為保護令的核發，會相當程度的剝奪加害人的權益，例如要求加害人遷出住所之逐出令、交付汽機車之交付令等會使加害人喪失居住自由、汽機車的使用權，因此法院在核發前，還是要詳細調查加害人是否確實有家庭暴力行為，並給予加害人陳述意見的機會，以免造成誤判及冤枉。

　　法院進行調查時，一開始會先寄發開庭通知給雙方當事人，

通知雙方當事人於特定時間到庭說明，並要求聲請人提出證物或帶證人到場。如果被害人或證人害怕開庭時遇到對方無法自由陳述，可以向法院聲請隔離訊問，或請求社工人員陪同。

開庭時，法官為了瞭解事情的原委，除了參考照片、驗傷單等證物外，還會請雙方當事人、證人，甚至孩子當庭說明暴力發生的情形，但保護令的審理不公開，因此不會有人在法庭內旁聽，此時只要平心靜氣的將事實發生經過告訴法官，或針對法官所問的問題加以回答即可，無須驚慌，亦勿情緒激動的怒罵對方，如此恐怕會招致反效果，給法官不好的印象。

開完庭後，除非法官認為有繼續調查的必要，會要求當事人提出補充的資料或定下次開庭的時間以外，通常開完庭後會請雙方回去等通知，不會當庭說明裁決的結果，事後再將裁決的結果直接寄給雙方，故當事人開完庭後，只要回家等待法院裁決結果即可。

因此，案例中，小玲收到法院的開庭通知以後，要把相關的證物資料準備起來，並聯絡好證人一起去開庭，如果害怕見到阿威，可以先打電話向書記官說明或寫狀紙聲請隔離訊問，也可以請求社工人員協助。在開庭當時，小玲及證人均無須慌張，只要把事情發生經過向法官說明或針對法官詢問的問題一一回答，並於開完庭後回家等候法院裁決即可。

 **參考法條**

家庭暴力防治法第十二條、第十五條、第十八條。

8. 保護令的救濟管道

開完庭二個禮拜後，小玲與阿威分別收到了法院寄來的通常保護令，保護令中命令阿威在一年內不得接近及騷擾小玲和孩子，但是小玲當初有聲請法院命阿威到醫院去戒酒，可是法院認為阿威喝酒尚未成癮，駁回了小玲此項聲請，小玲認為法院的認定並不合理。另外，保護令中為了保護小孩的安全，也禁止阿威與兩個小孩見面，阿威認為這樣剝奪他與小孩的互動對他而言很不公平，小玲與阿威應該如何變更法院的決定？

解說

法院審理終結核發通常保護令，並寄給當事人後，暫時保護令即失效，雙方間的規範，要以通常保護令的內容為準。如果被害人聲請保護令因證據不足被法院駁回，或有些保護令條款未如預期被核發，被害人在收到法院裁定書後十天內可以向法院提出抗告。另一方面，如果法院准予核發保護令，但是加害人認為保護令認定的事實或核發的條款不當的話，也可以向法院提出抗告。

提出抗告時，要以書面寫明不服法院裁定的理由，並將寫好的狀紙送到原來裁定的法院去，同時繳交抗告費新臺幣一千元。一旦提出抗告，原來裁定的法院會將案件送到抗告法院進行審理，

而暫時保護令在抗告審理期間內依然有效力，直到抗告審理終結為止。

　　因此，案例中，小玲和阿威不服保護令的內容，都可以在收到裁定的十天內，書寫抗告狀，寫明不服的地方及不服的理由，向原來裁定的法院遞送抗告狀提出抗告。

參考法條

　　家庭暴力防治法第十九條。

9. 保護令的期間與延長

案例

小玲收到法院的通常保護令，仔細看了以後，發現保護令內有註記：「本保護令之有效期間為壹年」，小玲很疑惑，為什麼保護令還有時間的限制，如果一年以後阿威再來騷擾怎麼辦？是不是自己又會遭受到暴力的威脅？

解說

因為保護令會相當程度的限制加害人的人權，如無一定的時間限制，非但對加害人不公平，且有可能會因為隔離雙方，而使雙方無復合之望，破壞家庭的和諧，因此法律規定，通常保護令的有效期間為一年以下，自核發時起生效，故法院可以斟酌每個案件的情況核發數個月到一年不等的保護令。在保護令失效前，當事人及被害人都可以再聲請法院撤銷或變更。必要時，還可以聲請法院延長，但延長的期間為一年以下，並以一次為限，故保護令最長的期間可以有兩年。

因此，案例中，如果小玲擔心保護令到期後阿威會再度施暴，可在保護令失效前，向原聲請法院聲請延長保護令。但如保護令過期後，小玲再度被施暴，小玲則須蒐集新的證據，重新再提出聲請。

參考法條

家庭暴力防治法第十四條。

10. 保護令的執行及效力

案例

法院核發通常保護令，命令阿威在一年內不得接近及騷擾小玲和孩子，並且要將登記在阿威名下的機車交付給小玲使用，但是阿威仍無視於保護令的存在，拒絕交付機車，並持續打電話騷擾小玲，跟小玲說如果不撤銷保護令，就要跟小玲同歸於盡，小玲該怎麼辦？

解說

法院核發保護令後，由警察機關負責來執行，而警察機關執行保護令時，對保護令內禁止的行為及遵守的事項，應命加害人確實遵行，且得在被害人住居所守護或採取其他保護被害人及其家庭成員的必要安全措施。

另外，保護令如有命加害人交付被害人個人生活上、職業上或教育上的必需使用物品的話，警察機關也會保護被害人能安全取得、占有該等物品。警察機關亦可由被害人指明標的物所在地，命加害人交付，加害人拒不交付者，得強制取交給被害人。

而加害人如進而有違反保護令之行為，如持續騷擾或出現在被害人的周遭等，一經警察機關發現，警察機關得以現行犯逕行逮捕，並即解送檢察官進行偵查。即便非現行犯，但有證據足認

違反保護令犯罪嫌疑重大，且有繼續侵害家庭成員生命、身體或自由之危險，也可以逕行拘提之。

因此，案例中，小玲取得保護令後，可以請求警察協助，請警察命令阿威交出機車給小玲使用，如果阿威不服從，警察人員可以強制力取得後交付給小玲。另外，阿威打電話騷擾小玲的行為，小玲也可以加以錄音後報警處理，如果阿威不停止其行為的話，警察甚至可以將阿威抓起來送到法院去。

參考法條

家庭暴力防治法第四十條、警察機關執行保護令及處理家庭暴力案件辦法第七條、第十六條、第十八條。

11. 家庭暴力犯罪的民、刑事責任

案例

　　法院核發通常保護令，命令阿威不得騷擾小玲和孩子後，阿威仍持續打電話恐嚇、騷擾小玲，阿威的行為是否已構成犯罪？小玲可以請求賠償嗎？

解說

　　依我國「刑法」規定，傷害人之身體或健康者，處三年以下有期徒刑、拘役或一千元以下罰金。因而致人於死者，處無期徒刑或七年以上有期徒刑；致重傷者，處三年以上十年以下有期徒刑。另外，以加害生命、身體、自由、名譽、財產之事，恐嚇他人致生危害於安全者，處二年以下有期徒刑、拘役或三百元以下罰金。

　　又法院核發保護令裁定禁止實施家庭暴力行為、禁止直接或間接騷擾、接觸、通話或其他連絡行為、命遷出住居所、遠離住居所、工作場所、學校或其他特定場所、命完成加害人處遇計畫，如戒癮治療、精神治療、心理輔導或其他治療、輔導後，加害人如違反命令不遵守時，另可處三年以下有期徒刑、拘役或科或併科新臺幣十萬元以下罰金。

　　此外，在民事方面，因為加害人的傷害行為，侵害到被害人

的身體及健康，依「民法」規定，應對於被害人負損害賠償責任。賠償之範圍包含被害人因此喪失或減少勞動能力（如因為受傷無法工作之損失）、增加生活上之需要（如醫療、復健費）等，另外被害人因此精神上遭受到痛苦，雖非財產上的損害，亦得請求賠償相當金額之精神慰撫金。

因此，案例中阿威出手毆打小玲的行為，本已構成「刑法」的傷害罪，並不會因為阿威與小玲具有夫妻關係即免受處罰，小玲可於六個月內提出告訴，另阿威出言恐嚇小玲，亦構成「刑法」上的恐嚇罪，此外保護令核發下來以後，阿威仍無視於保護令之存在持續打電話騷擾，另犯違反保護令犯罪，小玲可以報警處理或書寫告訴狀向地方法院檢察署提出告訴，阿威恐怕會因此而吃上牢飯。

告訴狀範例如下：

刑事告訴狀

告訴人　　小玲　　住　　　　　送達處所：

被告　　　阿威　　住

為被告涉嫌違反保護令犯罪等案件，依法提出告訴事：

犯罪事實

緣兩造為夫妻（證物一），同住於臺中市西區○路○號，被告於○年○日晚間○時許，喝酒返回家中，竟無故徒手毆打告訴

人，造成告訴人臉部、背部及下肢多處挫傷等傷害，有診斷證明書可證（證物二），告訴人為保障自身安全，逃離兩造同居之住所並依法聲請保護令，經臺灣臺中地方法院民事庭審理後，核發保護令禁止被告對告訴人實施直接或間接騷擾行為在案（證物三），未料，被告罔顧保護令之存在，仍分別於○年○日○時許、○年○日○時許以使用之 0935123456 號行動電話撥打告訴人使用之 0936456789 號行動電話騷擾告訴人，命令告訴人返家，並要求告訴人必須撤銷保護令，否則將與告訴人同歸於盡等語，使告訴人心生畏懼，有對話錄音帶可證（證物四），致使告訴人忍無可忍，爰提出本件告訴。

　　證據暨所犯法條

一、上開事實，有戶籍謄本、診斷證明書、保護令、對話錄音帶為證（詳見證物），且被告動手毆打告訴人時，有兩造之子○○○（址設：住臺中市西區○路○號）在場見聞，可資為證，敬請　鈞署傳訊之，被告犯行，應堪以認定。

二、按「傷害人之身體或健康者，處三年以下有期徒刑、拘役或一千元以下罰金」、「違反法院依第十三條、第十五條所為之下列裁定者，為本法所稱之違反保護令罪，處三年以下有期徒刑、拘役或科或併科新臺幣十萬元以下罰金：……二、禁止直接或間接騷擾、接觸、通話或其他連絡行為。……」、「以加害生命、身體、自由、名譽、財產之事，恐嚇他人致生危害於安全者，處二年以下有期徒刑、拘役或三百元以下罰金」，刑法第二百七十七條第一項、家庭暴力

防治法第五十條第一項第二款、刑法第三百零五條分別定有明文，被告動手毆打告訴人，並於保護令核發後仍違反保護令以電話騷擾並恐嚇告訴人稱要與告訴人同歸於盡等語，使告訴人心生恐懼，顯已構成上開法條之犯罪，為此爰依刑事訴訟法第二百三十二條規定提出告訴，懇請　鈞署鑒核，賜將被告偵查起訴，以懲不法，並障善良，至感德便！

　　此　致

臺灣　　地方法院檢察署　公鑒

證物名稱及件數

一、戶籍謄本正本乙份。

二、診斷證明書正本乙份。

三、保護令影本乙份。

四、電話錄音譯文乙份及錄音帶乙捲。

中華民國　　　年　　　月　　　日

具狀人　　　　　　　簽名蓋章

　　又除了讓阿威承擔牢獄之災以外，小玲還可以向法院提出民事訴訟或於檢察官將阿威提起公訴後，再向法院提起刑事附帶民事訴訟請求阿威賠償醫療費、無法工作之損失及精神慰撫金等，但必須注意小玲必須於傷害發生之時起兩年內請求，否則會罹於時效。

　　起訴狀範例如下：

民事起訴狀

訴訟標的金額：新臺幣拾肆萬元整

原告　　小玲　　住　　　　　　　送達處所：

被告　　阿威　　住

為損害賠償事件，依法起訴事：

　　　訴之聲明

一、被告應給付原告新臺幣拾肆萬元整及自起訴狀繕本送達之翌日起至清償之日止，按年息百分之五計算之利息。

二、訴訟費用由被告負擔。

　　　事實及理由

一、緣兩造為夫妻（證物一），同住於臺中市西區○路○號，被告於○年○日晚間○時許，喝酒返回家中，竟無故徒手毆打原告，造成原告臉部、背部及下肢多處挫傷等傷害，有診斷證明書可證（證物二），被告傷害等犯行，並經臺灣臺中地方法院刑事庭判處有期徒刑三月確定（證物三）。

二、按因故意或過失，不法侵害他人之權利者，負損害賠償責任；不法侵害他人之身體或健康者，對於被害人因此喪失或減少勞動能力或增加生活上之需要時，應負損害賠償責任；不法侵害他人之身體，被害人雖非財產上之損害，亦得請求賠償相當之金額，民法第一百八十四條第一項前段、第一百九十三條第一項、第一百九十五條第一項前段分別

定有明文。本件被告故意傷害原告之身體健康,自應依上
開規定負損害賠償責任。茲將損害賠償金額分述如下:

㈠工作損失:原告因被告傷害行為受有多處挫傷,經醫師診治
需修養一個月無法工作,原告受傷前於○○清潔公司擔任清
潔員,每月薪資二萬元,有薪資明細表(證物四)可證,故
原告無法工作損失為二萬。

㈡醫療費用:原告因本次傷害支出醫療費用計新臺幣一萬元,
有收據影本十紙可證(證物五)。

㈢交通費用:原告受傷後搭乘計程車至醫院看診二十次,每次
支出車資五百元,有計程車收據影本二十紙可稽(證物六),
計支出一萬元。

㈣精神慰撫金:原告因本件傷害事件,精神上受有相當之痛苦,
甚至造成憂愁、失眠等憂慮症狀,須至精神科就診治療(證
物七),爰請求被告給付十萬元整,以資撫慰。

三、總計被告應賠償原告十四萬元整(20,000 + 10,000 +
10,000 + 100,000 = 140,000),懇請 鈞院鑒核,賜判決如
訴之聲明,以保權益,至感德便!

　　此　致
臺灣　　地方法院民事庭
證物名稱及件數
一、戶籍謄本正本乙份。
二、診斷證明書正本乙份。

三、刑事判決書影本乙份。

四、薪資明細表影本乙份。

五、醫療收據影本十紙。

六、計程車費用收據影本二十紙。

七、精神科診斷證明書正本乙份。

中華民國　　　年　　　月　　　日

具狀人　　　　　　　簽名蓋章

 **參考法條**

刑法第二百七十七條、第三百零五條、家庭暴力防治法第五十條、民法第一百八十四條、第一百九十三條、第一百九十五條。

12. 如何請求離婚?

案例

　　小玲屢次遭受阿威的暴力虐待，對於這段婚姻已心灰意冷，但是阿威不願意簽字離婚，小玲有辦法可以結束這段婚姻嗎?

解說

　　依我國法律規定，離婚只有「協議離婚」與「判決離婚」兩種方式，因此，夫妻雙方已無法共同生活，得由夫妻以協議方式離婚，即夫妻雙方簽立離婚協議書，並請兩個證人見證、簽章，雙方再一同持離婚協議書到戶政事務所去辦理離婚登記，登記完成後，離婚即生效。但如一方堅持不願意簽字、離婚，單方面欲請求離婚，惟有提起離婚訴訟請求法院裁判。而法院在審酌時，則必須看婚姻是否有符合「民法」第一千零五十二條規定所定的各種事由，如有符合，法院方得准許離婚。「民法」第一千零五十二條規定的各種事由如下:

一、重婚

　　配偶之一方與他人再結婚，後面的婚姻依法應為無效，且構成「刑法」上的重婚罪。配偶知悉他方重婚後，可於六個月內訴請法院判決離婚。但配偶之一方如未於知悉後六個月內訴請離婚，

或曾於事前同意或事後宥恕，或重婚已逾二年者，即不得以此為由請求離婚。

二、與人通姦

配偶之一方與他人通姦，除構成「刑法」上的通姦罪外，因通姦之一方已違反貞操義務，破壞雙方間之信賴，導致婚姻發生嚴重裂痕，故配偶之一方得於知悉後六個月內訴請離婚，但如未於知悉後六個月訴請離婚，或事前同意或事後宥恕，或通姦已逾二年者，依法則不得請求離婚。

三、夫妻之一方受他方不堪同居之虐待

夫妻締結婚姻共組家庭，本應互助互諒，相互扶持，如配偶之一方對他方施以精神上或肉體上之虐待，導致他方無法忍受，婚姻已生破綻，受虐待之配偶得請求判決離婚。而所謂「不堪同居之虐待」，依司法院大法官釋字第三七二號解釋之見解，應就具體事件，衡量夫妻之一方受他方虐待所受侵害之嚴重性，斟酌當事人之教育程度、社會地位及其他情事，是否已危及婚姻關係之維繫以為判斷。若受他方虐待已逾越夫妻通常所能忍受之程度而有侵害人格尊嚴與人身安全者，即屬受不堪同居之虐待。故是否已達到不堪同居之虐待，應就每個案件的具體情況由法官來認定，並非如坊間謠傳必須蒐集達到三張以上的驗傷單才能構成。

四、夫妻之一方對於他方之直系尊親屬為虐待，或受他方之直系尊親屬之虐待，致不堪為共同生活

夫妻結婚後，夫妻一方對於他方之直系尊親屬（如公婆、岳父母）應尊敬孝養，他方之尊親屬亦應對夫妻一方（如媳婦、女婿）視如己出，如夫妻之一方對於他方之直系尊親屬為虐待，或受他方之直系尊親屬之虐待，彼此對待如仇怨，亦為婚姻破碎之原因，如因此而導致不堪共同生活，得請求判決離婚。

五、夫妻之一方以惡意遺棄他方在繼續狀態中

夫妻締結婚姻共組家庭，為發揮婚姻功能，理應同居一處，相互扶持，故除有不能同居之正當理由外，夫妻雙方應負同居之義務，如夫妻一方無故離去，不願與他方同居，非但家庭功能無從發揮，情感亦將淡薄。因此夫妻之一方惡意遺棄他方在繼續狀態中，他方得請求判決離婚。

六、夫妻之一方意圖殺害他方

夫妻締結婚姻共組家庭，本應互助互諒，相互扶持，如配偶之一方意圖殺害他方，婚姻已生破綻，為保護他方配偶之利益，自應准許請求離婚。但依「民法」第一千零五十四條規定，有請求權之一方，自知悉他方意圖殺害起，一年內應起訴請求判決離婚。如未於一年內提起，或其情事發生已逾五年者，即不得請求離婚。而所謂意圖殺害，實務見解認為必須有事實足以證明確有

殺害之意圖，方能認為符合要件。

七、不治之惡疾

夫妻締結婚姻共組家庭，所求永久共同生活，繁衍後代，如配偶之一方罹有不治惡疾，婚姻生活存有嚴重障礙，就不宜使他方配偶苦守毫無希望之婚姻，故夫妻之一方有不治之惡疾，他方得請求判決離婚。例如法院實務見解認為感染人類免疫缺乏病毒（即 AIDS）即屬不治之惡疾，但單純之不育或不妊症、雙目因病失明、手足殘廢等，依法院實務見解認為尚非屬不治之惡疾。

八、重大不治之精神病

如配偶之一方有精神病時,足以破壞夫妻精神上之共同生活,故亦定為得請求離婚之原因。因此，只須精神病之程度，已達於重大不治，不問精神病是由遺傳或後天所得，也不問發病在結婚前或在結婚後，均得請求離婚。

九、生死不明已逾三年

夫妻共組家庭，所求無非共同生活、繁衍後代，如夫妻一方生死不明，強使他方苦苦等待，亦非公平，為解消毫無功能的婚姻，維護他方配偶之權益，夫妻之一方生死不明已逾三年，他方得請求判決離婚。

十、被處三年以上徒刑或因犯不名譽之罪被處徒刑

夫妻之一方犯罪,經法院判決三年以上有期徒刑確定,或雖未判處三年以上有期徒刑,但該犯罪罪名客觀認為屬於不名譽之罪者(如竊盜、侵占、偽造文書、施用毒品等),他方得訴請判決離婚,但有請求權之一方,自知悉他方經判決確定後已逾一年,或自其情事發生後已逾五年者,不得請求離婚。

十一、其他重大事由

「民法親屬編」在民國七十四年六月三日修正時,增列:「有前項以外之重大事由,難以維持婚姻者,夫妻之一方,得請求離婚」之規定,立法意旨乃因前十種列舉的離婚原因過於嚴格,故增列此項,使夫妻一方之事由,雖不符前述要件,但只須依其事由之情節,在客觀上,確屬難以維持婚姻生活者,亦在得請求裁判離婚之列。故夫妻間具有前述十種情況以外的重大原因,導致婚姻已達無從維持者,亦得訴請法院准予判決離婚。但婚姻破綻之原因應由一方負責者,為維持公平,僅他方得請求離婚,如婚姻破裂之原因,雙方均無可歸責事由時(如平常意見分歧、人生觀不同、價值觀差異甚大),則夫妻雙方均可依此項請求離婚。如婚姻破裂之原因,可歸責於夫妻雙方之共同事由時(如夫妻均有外遇、賭博、酗酒、浪費財產等),應比較衡量雙方之有責程度,僅「責任較輕之一方」得向責任較重之他方請求離婚,如雙方之有責程度相同,則雙方均得請求離婚。

　　因此，案例中，小玲想要離婚可先跟阿威協議，如阿威堅持不肯簽字，小玲可以向法院提出訴訟，主張阿威屢次動手毆打她，已構成「民法」第一千零五十二條第一項第三款之「夫妻之一方受他方不堪同居之虐待」，且最後這一次阿威甚至衝到廚房拿菜刀要殺她，亦構成「民法」第一千零五十二條第一項第六款之「夫妻之一方意圖殺害他方」，且雙方婚姻亦有重大事由以至於難以維持，法院調查後如認確有其事，會判決小玲與阿威離婚，待法院判決確定後，小玲只要拿法院的判決書和確定證明書，就可以單方到戶政事務所去辦離婚登記，不需要阿威簽字。離婚起訴狀範例如下：

民事起訴狀

原　告　小玲　　住　　　　　送達處所：

被　告　阿威　　住

為離婚事件，依法起訴事：

訴之聲明

一、准原告與被告離婚。

二、訴訟費用由被告負擔。

事實及理由

一、緣兩造於民國（下同）〇年〇月〇日結婚（證物一），婚後育有一女一子，初期婚姻尚屬融洽，然被告自〇年〇月起，

因生意失敗心情沮喪而染上酗酒惡習，酒後經常無故對原告拳腳相向，原告初念及夫妻情義及二名子女尚幼，需要完整家庭而百般隱忍，無奈被告無悔悟之意，反而變本加厲，酒後時常毆打原告成傷（證物二），於○年○月○日晚間○時許，甚至持刀欲殺害原告，原告緊急逃離，方倖免於難，為免遭被告持續傷害，原告聲請保護令並經　鈞院准予核發在案（證三）。

二、按「夫妻一方受他方不堪同居之虐待者」、「夫妻之一方意圖殺害他方者」，得向法院請求離婚，「民法」第一千零五十二條第一項第三款、第六款分別定有明文，而所謂不堪同居之虐待，係指予以身體上或精神上不可忍受之痛苦，致不堪繼續同居者而言。至於身體上不可忍受之痛苦，致不堪繼續同居之者，不以夫妻之一方遭受他方毆打致傷及筋骨為限。夫妻之一方若動輒以暴力加諸他方，致他方受有不可忍受之痛苦，縱使他方所受傷害為腫痛、瘀血、擦傷等輕傷，亦非不得訴請離婚（最高法院三十四年上字第三九六八號判例、八十一年台上字第四七六號判決意旨參照）。又維護人格尊嚴與確保人身安全，為我國「憲法」保障人民自由權利之基本理念。增進夫妻情感之和諧，防止家庭暴力之發生，以保護婚姻制度，亦為社會大眾所期待。婚姻係以夫妻之共同生活為目的，配偶應互相協力保持其共同生活之圓滿、安全及幸福，因而夫妻應互相尊重以增進情感之和諧，防止家庭暴力之發生，此為維繫婚姻所必

要。故夫妻一方之行為，凡有礙於他方配偶之人格尊嚴與人身安全（含肉體與精神上之痛苦），致夫妻無法繼續共同生活者，均應認符合「民法」第一千零五十二條第一項第三款規定「受他方不堪同居之虐待」（最高法院八十五年臺上字第五五一號判決參照）。是於具體事件，須衡量夫妻之一方受他方虐待所受侵害之嚴重性，是否已危及婚姻關係之維繫以為斷，受他方虐待已逾越夫妻通常所能忍受之程度而有侵害人格尊嚴與人身安全者，即屬受不堪同居之虐待（司法院大法官會議釋字第三七二號解釋意旨參照）。被告多次暴力傷害原告，甚至持刀欲殺害原告之行為，有上開診斷證明書、通常保護令影本可證，且兩造所生子女〇〇〇、〇〇〇均在場見聞，可資為證，此顯已逾越夫妻通常所能忍受之程度，造成原告身體上及精神上不可忍受之痛苦，並危及婚姻關係之維繫，為此爰依「民法」第一千零五十二條第一項第三款、第六款規定請求准予判決離婚。

三、又「民法親屬編」於七十四年修正後，於第一千零五十二條增列第二項離婚事由之概括規定，准有前項以外之重大事由，難以維持婚姻者，夫妻之一方得請求離婚，其目的在使夫妻請求裁判離婚之事由較富彈性，是夫妻間發生之情事，苟足使婚姻難以維持，即無不准依該條第二項訴請離婚之理，不因當事人併據同一事實主張有該條第一項離婚原因而有不同，最高法院八十六年度臺上字第六〇六號判決可供參照。按婚姻關係貴在相知、相惜，共同經營感

情生活，且需相互尊重、扶持，彼此體諒關懷，若僅為細故即以暴力相向，顯與婚姻之目的及真諦有違，被告多次毆打原告，已嚴重妨害原告之人格尊嚴與人身安全，使原告長期生活於恐懼、不安之陰影下，造成原告肉體及精神上之痛苦，已致夫妻無法繼續共同生活，原告亦得援引「民法」第一千零五十二條第二項之規定請求判決離婚，請求　鈞院擇一判決即可。

四、綜上所述，被告不顧夫妻情分，酒後毆打原告，甚至持刀欲殺害原告，已逾越夫妻通常忍受之程度，直接危害原告之人格尊嚴與人身安全，為維護原告權益，狀請　鈞院賜判如訴之聲明，以維權益，實感德便。

　　此　致

臺灣　　地方法院民事庭

證物名稱及件數

證人：○○○、○○○　送達處所：

證物：

一、戶籍謄本正本乙份。

二、診斷證明書影本乙份。

三、通常保護令影本乙份。

中華民國　　　年　　　月　　　日

具狀人　　　　　　　　簽名蓋章

 **參考法條**

民法第一千零五十二條、第一千零五十三條、第一千零五十四條。

13. 判決離婚之贍養費及精神慰撫金之請求

案例

　　小玲想向法院訴請判決離婚，但是聽說先提出離婚的人就要付對方贍養費，是這樣嗎？小玲數十年的青春都奉獻在這段婚姻裡，現在因為阿威的暴力行為想請求離婚，她可以向阿威請求賠償嗎？

解說

　　我國法律關於贍養費的規定，規定在「民法」第一千零五十七條，條文的內容是：「夫妻無過失之一方，因判決離婚而陷於生活困難者，他方縱無過失，亦應給與相當之贍養費。」，因此，贍養費的請求必須符合三個要件：㈠須無過失之一方；㈡經法院判決離婚；㈢判決離婚後將陷於生活困難。

　　所以，夫妻雙方如果是「協議」離婚，除非雙方談妥條件，約定一方必須給付贍養費，否則協議離婚以後，是沒有權利再訴請法院要求給付贍養費的。故雙方如以協議離婚來解消婚姻，在協議離婚之時，要就贍養費的給付一併約定寫明在離婚協議書上，以免將來喪失權益。若雙方無法協議離婚，訴請法院判決離婚時想要附帶請求贍養費，也必須證明對於雙方婚姻發生破綻並無過失，且離婚後將陷於生活困難，法院方得准許。至於贍養費的數

額多少，法院在判決時會斟酌雙方的生活狀態，包括身分、地位、生活需要、經濟情況等情形來認定，並沒有一定標準，也有直接依行政院主計處公告之家庭收支調查報告或所得稅法扶養親屬寬減額等標準來計算。

除贍養費外，「民法」亦規定，夫妻之一方，因判決離婚而受有損害者，得向有過失之他方，請求損害賠償，除了財產上的損失可以請求賠償外，也可以請求賠償精神上的慰撫金。不過必須以受害人無過失為限。

因此，案例中小玲無法與阿威協議離婚，必須訴請法院判決離婚，雙方婚姻產生破綻又是因為阿威的暴力行為所致，小玲並無過失，因此可請求阿威給付精神慰撫金，又小玲婚後十幾年都在家帶小孩，並無一技之長，離婚後恐怕不容易找到工作，生活將陷於困難，符合上述請求贍養費的三個要件，小玲可以在請求判決離婚之訴訟中，一併請求阿威給付贍養費及精神慰撫金，或另外再提起訴訟請求。請求給付贍養費及精神慰撫金之起訴狀範例如下：

民事起訴狀

訴訟標的金額：新臺幣壹佰伍拾萬元整

原　告　小玲　　　住　　　　　送達處所：

被　告　阿威　　　住

為請求贍養費等事件，依法起訴事：

訴之聲明

一、被告應給付原告新臺幣壹佰伍拾萬元整及自起訴狀繕本送達之翌日起至清償之日止，按年息百分之五計算之利息。

二、訴訟費用由被告負擔。

三、願供擔保，請准予宣告假執行。

事實及理由

一、緣兩造於民國（下同）○年○月○日結婚，婚後育有一子一女，嗣因被告有暴力行為，原告不堪同居之虐待，經鈞院以○○年度婚字第○○號判決准予離婚在案（證物一）。

二、按「夫妻之一方，因判決離婚而受有損害者，得向有過失之他方，請求賠償。前項情形，雖非財產上損害，受害人亦得請求賠償相當之金額。但以受害人無過失為限」，「民法」第一千零五十六條第一、二項定有明文。查本件原告係因不堪被告同居之虐待經法院判決離婚，而兩造結褵十五年，婚姻關係存續中，原告均努力操持家務，照顧二名子女，無任何過失可言，被告竟屢次酒後無故毆打原告成傷，使原告身心受創至鉅，甚至因此導致失眠、憂慮等症狀（證物二），原告自得依上開規定請求被告賠償精神上慰撫金，爰請求被告賠償新臺幣（下同）五十萬元，以資撫慰。

三、次按「夫妻無過失之一方，因判決離婚而陷於生活困難者，

他方縱無過失，亦應給與相當之贍養費」，「民法」第一千零五十七條定有明文。查本件離婚之原因，係因被告之毆打、虐待行為，被告為有過失之一方，原告並無過失，而原告婚後十餘年均於家中照顧家庭，無法外出工作，現顯與社會脫節，又無其他謀生技能，名下亦無財產，判決離婚後生活顯將陷於生活困難，被告雖經營事業不順，然名下仍有存款及不動產，生活不虞匱乏，爰請求被告給付一百萬元贍養費，以作為生活之擔保。

四、綜上所述，被告總計應給付原告一百五十萬元（500,000+1,000,000=1,500,000），為此狀請　鈞院鑒核，賜判決如訴之聲明，以維權益，實感德便。

　　此　　致

臺灣　　　地方法院家事法庭

證物名稱及件數

證物：

一、判決書及確定證明書影本各乙份。

二、診斷證明書影本乙份。

中華民國　　　年　　　月　　　日

具狀人　　　　　　　　　簽名蓋章

參考法條

民法第一千零五十六條、第一千零五十七條。

14. 離婚後未成年子女權利義務之行使或負擔（即俗稱監護權）的歸屬

案例

阿威酒後常有暴力傾向，小玲實在放心不下離婚後兩個小孩的生活及教養問題，但是阿威不同意把小孩的監護權讓給小玲，小玲名下又沒有財產，她能爭取到兩個小孩的監護權嗎？

解說

夫妻離婚後（不管是協議離婚或經法院判決離婚），對於未成年子女權利義務之行使或負擔（以下以俗稱「監護權」稱之），應該先由夫、妻雙方來協議，雙方可以自由決定小孩的監護權歸哪一方、甚至可以由雙方共同監護。除非夫妻雙方所約定之監護權歸屬是不利於子女的，如離婚後媽媽想改嫁，不想要小孩子，經過雙方協議把監護權給父親，但是父親前科累累、染有吸毒惡習、無固定住所及工作，多次進出監獄，很顯然把監護權給父親對小孩的將來是不利的，此時，依「民法」第一千零五十五條第二項規定，法院得依主管機關、社會福利機構或其他利害關係人之請求或依職權為小孩的利益改定監護權；或者是行使監護權的一方未盡保護教養小孩的義務或對小孩有不利之情事者，例如離婚後父母雙方約定將小孩給母親，但是母親嗣後改嫁，小孩常遭繼父

暴力虐待，母親均坐視不管，此時，依「民法」第一千零五十五條第三項規定，未任監護權的一方、未成年子女、主管機關、社會福利機構或其他利害關係人亦得為子女之利益，請求法院改定監護權；如果父母均不適合行使監護權時，依「民法」第一千零五十五條之二規定，法院應依子女之最佳利益，選定適當之人為子女之監護人，並指定監護之方法、命父母負擔扶養費用。除此之外，父母雙方如能達成協議，法院不會主動介入干涉。但是，如果夫妻雙方都想取得小孩的監護權，任何一方都不願意放棄時，想要取得小孩的監護權，就必須聲請法院來酌定。

　　法院在酌定監護權時，應依子女之最佳利益，審酌一切情狀，參考社工人員之訪視報告，尤應注意下列事項：(1)子女之年齡、性別、人數及健康情形；(2)子女之意願及人格發展之需要；(3)父母之年齡、職業、品行、健康情形、經濟能力及生活狀況；(4)父母保護教養子女之意願及態度；(5)父母子女間或未成年子女與其他共同生活之人間之感情狀況。因此，實務上，法院在審理酌定監護權的事件時，會先傳喚夫妻兩造到庭，聽聽夫妻雙方對於小孩監護權爭取的意願及態度，接著會請社工人員對夫妻雙方做訪視報告，請社工人員到家中去瞭解夫妻雙方的離婚原因、人格特質、品行嗜好、健康狀況、職業及經濟情況、居住環境、與小孩互動情形、親友協助體系、甚至是未來對子女的教育計畫等等，通常社工人員在訪視報告中也會提出他們的意見，說明他們認為小孩給誰監護對小孩比較有利。而如果小孩年紀稍長，已經可以表達他的意思，法院也會請小孩到庭，聽聽小孩的意願（通常會

在法院特別設置的商談室裡，裡面布置得比較溫馨，不像一般的法庭，法官也不會穿法袍，以避免小孩心裡產生恐懼的感覺）。最後，法院會綜合調查所得的各項證據，以小孩的最佳利益，來決定小孩由哪一方來監護。

雖然法律規定得很清楚，法院在酌定監護權時，是以「子女的最佳利益」為酌定的標準，但是，所謂「子女的最佳利益」抽象難懂，以下謹就目前法院實務見解，說明法院在酌定子女監護權時，大致有哪些具體的判斷標準：

一、父母雙方的監護能力

包括父母的年齡（如現今有很多本國丈夫迎娶外籍新娘，夫妻年齡動輒相差二、三十歲，將來一旦離婚，年齡太大的一方恐較不適合監護子女）、職業（是否有正當職業、收入是否穩定）、身體及心理健康情形（如有重大疾病或精神病等恐無法照顧子女）、性格（如性格暴戾者較不適合監護子女）、教育程度（依據研究顯示，父母教育程度及社會地位，與子女受教育之機會常成正比，而且教育程度愈高的父母，愈能使家庭教育與學校教育互相協調，減少子女之矛盾）等。

二、父母能夠用來撫育子女的時間及環境

應衡量、比較父母雙方之工作狀況及時間、所能提供給小孩的居住、生活環境等等，能撥出比較多時間照顧子女及提供比較好的環境撫育子女者，較適合擔任小孩的監護人。

三、何人為主要養育者

把小孩歸由離婚前主要照顧小孩的一方監護，可使小孩的生活及情緒不至於陷於混亂，造成適應上的困難，至於何人為主要養育者，可由通常之飲食計畫及日常生活準備、醫療、同行看病、衣物準備、購買、洗滌、收拾、生活態度、禮儀教養、基本技能、教導讀書等由何人任之為判斷的依據。

四、父母的經濟狀況

離婚後，父母不管是否取得小孩的監護權，都要負起給付、分擔小孩扶養費的義務，因此，父母的經濟狀況現今已不是決定監護權歸屬的主要依據，但經濟能力的好壞，會影響到生活的安定性，為了給小孩安定的生活，經濟狀況雖非判斷的主要依據，但仍不失為一個參考的標準。

五、監護子女的意願及對於子女的感情

亦即要看父母雙方是否都有爭取小孩監護權的意願，如一方無爭取小孩監護權的意願，可預期其無心照顧小孩，小孩給他監護，對小孩必定不利。另亦應衡量父母雙方對於孩子的感情如何，哪一方對於小孩感情較深，實務上常以小孩的家庭聯絡簿為證，看看小孩的家庭聯絡簿平常由誰簽名，以證明簽名的哪一方比較關心小孩，對小孩的感情較深，將來小孩給此一方監護，可以得到比較好的照顧。

六、子女的性別

研究顯示，兒童對於同性別的父或母的認同是極為重要的一件事，而且兒童與同性別的父或母之間的互動，比較自然，因此，女孩的監護權歸母親、男孩的監護權歸父親，有助於小孩未來的社會發展。但倘若同性別之父母本身品行、情緒上有瑕疵，則同性別父母之認同，反將成為兒童學習成長的負面教材，故當同性別的父或母不是一個好的榜樣時，應該將小孩交給不同性別的父或母監護，對小孩較為有利。

七、父母再婚與否

父母如再婚，兒童須與繼父、繼母相處，容易有焦慮的反應，因此，再婚或有再婚計畫之一方，較不適宜監護子女。

八、子女的意願

當子女已有意思能力時，子女對於希望歸誰監護的意願，法院通常會加以斟酌，並予尊重。但子女的意願可能因思慮不周而有不當，亦不可全盤採納，如實務上曾有子女表示希望給父親監護，法院深入瞭解後，方知希望給父親監護的原因，是因為父親會縱容並主動帶他上網咖打電動徹夜不眠,而母親則要求他補習、禁止上網咖，因為他不喜歡唸書，所以希望由父親監護，在此種情形下，子女的意願即僅可作為參考，不可採納。

九、父母道德上的不當行為或對於子女的不當行為

如實務上有認為父親長年在外花天酒地、與人通姦，置家庭於不顧等社會評價上之不當行為，則其不適合監護子女。另外，如對子女有暴力、虐待情事，或者放縱子女行徑不加以管教，使其沉淪者，均屬對於子女的不當行為，不適合監護子女。「家庭暴力防治法」第三十五條也規定，已發生家庭暴力者，推定由加害人行使或負擔權利義務不利於該子女。

十、親友支援體系的強弱

單親家庭，要一人負擔起家庭經濟及撫育子女的重責大任，實非容易，因此，在忙於工作維持生活之際，是否有親友可協助支援照顧小孩，使小孩不至於無人照顧，即是一個重要的問題，故親友支援體系強者，可使小孩受到較周全的照顧，較適合監護小孩。

十一、手足感情

原本一同生活、朝夕相處的兄弟姊妹，如感情深厚者，一旦必須分離，對於小孩的心靈，是一項莫大的傷害，因此，應盡量將小孩歸由同一人監護，避免手足分離，影響小孩將來的身心發展。

因此，案例中，阿威如不同意將兩個小孩給小玲監護，小玲想要取得小孩的監護權，就必須聲請法院來酌定，小玲可以於離

婚訴訟中一併請求，或另行聲請酌定，而小玲可以針對以上的這些標準提出有利的證據，證明能比阿威提供給小孩更優良的成長環境。聲請酌定監護權之聲請狀範例如下：

民事聲請狀

聲請人　　小玲　　住　　　　　送達處所：

相對人　　阿威　　住

為酌定子女監護權事件，依法聲請事：

請求之事項

一、兩造所生長子○○○（民國○年○月○日生，統一編號：　　　號）、長女○○○（民國○年○月○日生，統一編號：　　　號）權利義務之行使或負擔由聲請人任之。

二、聲請程序費用由相對人負擔。

理　　由

一、按夫妻離婚者，對於未成年子女權利義務之行使或負擔，依協議由一方或雙方共同任之。未為協議或協議不成者，法院得依夫妻之一方、主管機關、社會福利機構或其他利害關係人之請求或依職權酌定之，次按已發生家庭暴力者，推定由加害人行使或負擔權利義務不利於該子女，「民法」第一千零五十五條第一、二項、「家庭暴力防治法」第三十五條分別定有明文。

二、查兩造於民國（下同）○年○月○日經法院判決離婚（證

物一），然兩造對於未成年子女〇〇〇、〇〇〇權利義務之行使或負擔未能達成協議（證物二），查〇〇〇、〇〇〇二人自出生後，均由聲請人負責照顧、教養，其二人對聲請人依賴甚深，現與聲請人同住，均表明希望由聲請人監護之意，而聲請人離婚後返回娘家與父母、兄嫂等人同住，聲請人之父母均已退休，可協助照顧〇〇〇、〇〇〇，親屬支援體系良好，且該居住之房屋為聲請人之兄所有，居住環境穩定且寬敞、明淨，反觀相對人平日對〇〇〇、〇〇〇關心不多，近年更染有酗酒惡習，酒後有多次暴力行為（證物三），顯然不利於子女之成長，爰依民法第一千零五十五條之規定，請求將〇〇〇、〇〇〇權利義務之行使或負擔酌定由聲請人任之。

　此　　致

臺灣　　地方法院家事法庭

證物名稱及件數

證物：

一、判決書及確定證明書影本各乙份。

二、戶籍謄本正本乙份。

三、診斷證明書正本二紙。

中華民國　　　年　　　月　　　日

具狀人　　　　　　　簽名蓋章

民法第一千零五十五條、民法第一千零五十五條之一、家庭暴
力防治法第三十五條。

15. 離婚後未成年子女扶養費的負擔

案例

小玲爭取到小孩的監護權，是不是就要獨力扶養兩個小孩？可以向阿威請求分擔扶養費嗎？

解說

根據「民法」規定，父母對於未成年子女之扶養義務，不因結婚經撤銷或離婚而影響。故離婚後不管有沒有取得小孩的監護權，父母對未成年子女均有扶養的義務，必須依經濟能力來分擔扶養費。若未取得監護權之一方拒不給付扶養費時，任監護權人之一方得為未成年子女之利益請求他方給付。又已代替對方所付出的扶養費，亦可依法請求對方返還。

因此，案例中，小玲離婚並聲請法院酌定兩個小孩的監護權時，可一併請求阿威分擔給付扶養費，或另行起訴請求給付。請求給付扶養費起訴狀範例如下：

民事起訴狀

訴訟標的金額：新臺幣○○○元

原　　告　　　　小孩一　　　　　　住：

原　　告　　　　小孩二　　　　　住：

兼上二人

共同法定代理人　　小玲　　　　　住

被　　告　　　　阿威　　　　　　住

為給付扶養費事件，依法起訴事：

　　訴之聲明

一、被告應給付原告小玲新臺幣貳拾萬柒仟捌佰貳拾捌元整，
　　及自起訴狀繕本送達之翌日起至清償日止按年息百分之五
　　計算之利息。

二、被告應自民國九十四年十月起至原告「小孩一」成年之民
　　國〇〇年〇〇月止，按月於每月五日前給付原告「小孩一」
　　扶養費新臺幣壹萬壹仟伍佰肆拾陸元整，如有一期未付，
　　視為全部到期。

三、被告應自民國九十四年十月起至原告「小孩二」成年之民
　　國〇〇年〇〇月止，按月於每月五日前給付原告「小孩二」
　　扶養費新臺幣壹萬壹仟伍佰肆拾陸元整，如有一期未付，
　　視為全部到期。

四、訴訟費用由被告負擔。

五、願供擔保，請准予宣告假執行。

　　事實及理由

一、按父母對於未成年之子女，有保護及教養之權利義務，又
　　對於未成年子女之權利義務，除法律另有規定外，由父母

共同行使或負擔之,「民法」第一千零八十四條、第一千零八十九條第一項前段定有明文。又父母之一方支付全部扶養費後,得依不當得利或無因管理之法律關係請求分擔,司法院第二十五期司法業務研究會民事法律專題問題研究第十二則研究意見可資參照。

二、緣原告小玲與被告阿威於民國(下同)○年○月○日經法院判決離婚(證物一),而兩造所生未成年子女即原告「小孩一」、「小孩二」權利義務之行使或負擔均由原告小玲任之(證物二)。依上說明,「小孩一」、「小孩二」既為原告小玲與被告所生之未成年子女,雙方應共同負擔扶養費用。

三、查行政院主計處九十年度臺中市市民家庭收支報告資料,臺中市市民消費支出為每戶七十三萬七千七百七十二元,每戶平均三點五五人,每人每年平均支出為二十萬七千八百二十三元,故每人每月消費支出為一萬七千三百十九元(737,772 元÷3.55 人÷12 個月 =17,319 元,元以下四捨五入)。再按負扶養義務者有數人,而其親等同一時,應各依其經濟能力分擔義務,「民法」第一千一百十五條第三項定有明文。查原告小玲名下無任何財產,目前亦無工作,而被告名下有多筆存款及不動產,應認兩造對於未成年子女應負擔數額比例為一比二,即被告應負擔三分之二,依此計算被告應負擔未成年子女每人每月之扶養數額為一萬一千五百四十六元(17,319 元 ×2/3=11,546 元)。而兩造自九十四年一月分居後,被告阿威均未負擔原告小孩一、小孩

二之扶養費用，均由原告小玲負擔，衡諸上開規定，原告小玲得依不當得利及無因管理之法律關係請求被告返還分居後，即九十四年一月起至提起本件訴訟之九十四年九月止被告應分擔之教養費用二十萬七千八百二十八元（11,546元×2人×9個月=207,828元），為此請求如訴之聲明第一項。

四、又被告既為原告「小孩一」、「小孩二」之父親，依上開說明，自起訴後至原告「小孩一」、「小孩二」年滿二十歲之日止，被告仍有分擔扶養義務，亦應依上開計算基準每月分別給付原告「小孩一」及「小孩二」一萬一千五百四十六元，為此請求如訴之聲明第二項及第三項。

五、綜上所述，懇請　鈞院鑒核，賜判決如訴之聲明，以保權益，至感德便。

　　此　致
臺灣　　地方法院家事法庭
證物名稱及件數
一、民事判決暨確定證明書影本各乙份。
二、戶籍謄本正本乙份。
中華民國　　　年　　　月　　　日
具狀人　　　　　　　　簽名蓋章

 **參考法條**

民法第一千零八十九條前段、第一千一百十五條第三項、第一千一百十六條之二。

16. 離婚後未成年子女可否改姓

案例

小玲經法院判決離婚，也順利爭取到兩個小孩的監護權，聽說小玲可以讓小孩改從母姓，這是真的嗎？在阿威不同意的情況下，小孩也可以改姓嗎？

解說

根據民國九十二年六月五日修正通過的「姓名條例」規定，夫妻離婚，未成年子女姓與行使親權之父或母姓不同者，得申請改姓。因此，取得監護權之一方，得檢附身分證、戶口名簿、行使親權證明文件（如離婚協議書、判決書）等相關資料到戶籍所在地的戶政事務所去辦理改姓。但是此項規定僅適用於父母離婚之未成年子女，其他如已成年之子女或非婚生子女、父母之一方死亡者均不適用，不得申請改姓。

因此，案例中，小玲既然離婚並爭取到兩個小孩的監護權，在小孩滿二十歲以前，小玲都可以到戶政事務所去申請將小孩改從母姓，不需要得到阿威的同意。

參考法條

姓名條例第六條。

17. 離婚後未成年子女之會面交往權

案例

　　小玲順利經法院判決離婚並爭取到兩個小孩的監護權，經過幾個月來的冷靜，阿威很後悔自己的衝動行為，而且很想念兩個小孩子，但是小玲堅持不讓阿威與小孩見面，阿威應該怎麼做呢？

解說

　　會面交往權（即俗稱之探視權）乃基於親子關係所衍生的自然權利，不僅是為人父母的權利，更是未成年子女享受親情照拂的基本權利，同時亦使未取得監護權之一方，於未能與子女共同生活之情形下，仍能藉由探視繼續與子女接觸聯繫，更可藉探視以監督他方是否善盡對未成年子女之保護教養責任，故除非賦予探視權將明顯不利於未成年子女，否則均應給予探視未成年子女之機會。

　　而法律規定，探視權行使之方式、期間等，應先由父、母雙方自行協議，因此，夫妻離婚後，未取得監護權之一方，可以在離婚協議書上約定行使探視權的時間、地點、方式等，且應詳盡約定，約定的越詳細，越可避免將來的糾紛。含有探視權約定之離婚協議書範例如下：

離婚協議書

立協議書人阿威（身分證字號：　　　　　　　　，民國○
年○月○日生，以下簡稱男方）、小玲（身分證字
號：　　　　　　，民國○年○月○日生，以下簡稱女
方），茲因雙方個性不合，無法繼續共同生活，經雙方同意後立
此協議書，以資遵守，約定條件如下：

一、雙方決議離婚，爾後男婚女嫁，各不相干。

二、子女監護、扶養及探視：

㈠雙方所生之長子「小孩一」（民國○年○月○日生，身分證字
　號：　　　　　　　）、長女「小孩二」（民國○年○月
　○日生，身分證字號：　　　　　　）權利義務之行
　使或負擔均歸由女方任之。

㈡男方得依下列方式與二名子女會面交往：

1.男方得於每星期五下午六時起，至子女所在處所與子女會面
　交往，並得接子女外出同住，至星期日下午八時前送回女方
　住所或其指定處所。

2.除前款約定外，農曆春節期間，男方得自農曆春節初二上午
　九時三十分起，至子女所在處所與子女會面交往，並得接子
　女外出同住，至農曆春節初五上午九時三十分前送回女方住
　所或其指定處所。

3.寒暑假期間：

(1)寒假期間：男方得於子女學校假期開始第一日上午九時自子

女所在處所將子女接回會面交往，再由男方於第十四日下午
九時前送回女方住所或其指定處所。

(2)暑假期間：男方得於子女學校假期開始第一日上午九時自子
女所在處所將子女接回會面交往，再由男方於第二十五日下
午九時前送回女方住所或其指定處所。

4.除上揭時間外，男方欲探視或協同子女外出時，應得女方之
事先同意。

5.為求確實依上述約定探視子女，俾保子女之最佳利益，雙方
同意必須將其實際住所、聯絡電話及子女之所在、聯絡方式、
就讀學校等告知對方，倘有變動時亦同。

6.除上述約定探視方法外，男方尚得以電話、書信、傳真、電
子郵件等方式與子女交往，並得致贈禮物、交換照片、拍照
等行為。

7.非有正當理由，女方及其家屬不得藉故阻擾男方依上開方式
行使會面交往權，否則每阻擾乙次，女方應賠償男方新臺幣
參萬元整之懲罰性違約金，男方並得聲請法院改定監護權。

三、夫妻財產處理：

雙方財產各依現狀定其歸屬，財產各自保有，債務亦各自
負擔。

四、雙方同意互相拋棄對他方之夫妻剩餘財產分配請求權及其
他一切財產上、非財產上之損害賠償請求權。

五、本協議書於男女雙方及證人簽章並協同至戶政機關辦理登
記後，始正式生效，嗣後任何人不得藉故打擾他方生活。

六、本協議書乙式五份，除乙份留存戶政機關外，甲乙雙方及
　　證人各執乙份為憑。

立協議書人

男　方　姓　　　名：

　　　　身分證字號：

　　　　出生年月日：

　　　　地　　　址：

女　方　姓　　　名：

　　　　身分證字號：

　　　　出生年月日：

　　　　地　　　址：

證　人　姓　　　名：

　　　　身分證字號：

　　　　出生年月日：

　　　　地　　　址：

證　人　姓　　　名：

　　　　身分證字號：

　　　　出生年月日：

　　　　地　　　址：

中華民國　　　　年　　　月　　　日

　　但是如果父母雙方無法達成協議，或協議之方式有妨害子女
之利益時，法院得依請求或依職權來酌定會面交往之方式及期間。

如果法院酌定後，任監護權之一方拒絕配合，則可向法院聲請強制執行，強迫監護人交出孩子給沒有監護權之一方探視。如果監護人仍拒絕配合，執行法院得拘提、管收監護人，或處新臺幣三萬元以上三十萬元以下之怠金。

因此，阿威想要探視小孩，可以先跟小玲協議探視的時間及方法，如果小玲拒絕與阿威協議，阿威可以聲請法院來酌定，聲請狀範例如下：

民事聲請狀

聲請人　　　阿威　　　住：　　　　電話：

相對人　　　小玲　　　住：　　　　電話：

為酌定探視權事件，依法聲請事：

　　請求之事項

一、請求酌定聲請人得依附表所示之方式及期間與兩造所生之未成年子女「小孩一」、「小孩二」會面交往。

二、聲請程序費用由相對人負擔。

　　事實及理由

一、緣兩造於民國（下同）○○年○月○日結婚，婚後育有一子「小孩一」及一女「小孩二」，嗣經法院判決離婚並將「小孩一」、「小孩二」權利義務之行使或負擔酌定由相對人行之，有戶籍謄本乙紙可證（證物一）。

二、按「非訟事件法」第七十一條之六第一項規定：「法院依民

法第一千零五十五條之規定，為酌定、改定或變更時，得命交付子女、未行使或負擔權利義務之一方與未成年子女會面交往之方式與期間、給付扶養費、交付身分證明文件或其他財物，或命為相當之處分，並得訂定必要事項」，「民法」第一千零五十五條第五項前段亦明定：「法院得依請求或依職權，為未行使或負擔權利義務之一方酌定其與未成年子女會面交往之方式及期間」。且探視子女乃基於親子關係所衍生之自然權利，不僅是為人父母之權利，更是未成年子女享受親情照拂的基本權利，同時得使未取得未成年子女權利義務行使負擔之一方，於未能與子女共同生活之情形下，仍能繼續與子女接觸聯繫，是父母對於未成年子女保護教養關心之表現，未取得未成年子女權利義務行使負擔之一方亦可藉探視以監督他方是否善盡對未成年子女之保護教養之責任，故除非予未取得未成年子女權利義務行使負擔之一方探視權，將明顯不利於未成年子女，否則即應予其探視未成年子女之機會。然兩造離婚後，未約定聲請人與未成年子女會面交往之方式及期間，聲請人多次欲與子女會面交往，均遭相對人拒絕，為使子女人格正常成長，並滿足父母子女親情，懇請 鈞院予以酌定會面交往權之行使方式及期間，並命相對人遵守，以杜糾紛，至感德便！

此　致

臺灣臺中地方法院　民事庭

證物名稱及件數

一、戶籍謄本正本乙份。

中華民國　　　年　　　月　　　日

具狀人　　　　　　　　　簽名蓋章

附表：

甲、時間及地點

　㈠每月第一、三週星期日上午九時至下午六時，聲請人得探
　　視子女，並得攜同出遊。

　㈡每月第二、四週星期五下午八時起，聲請人得接回子女同
　　宿，至星期日下午六時前送回。

　㈢每年農曆春節初二上午九時起，聲請人得接回子女同宿，
　　至農曆初五下午六時前送回。

　㈣除上開時間外，聲請人欲探視子女，應事先通知相對人，
　　並取得相對人同意。

乙、方法：

　㈠得為通信（包括網路）、通話、致贈禮物、交換照片、拍照
　　等行為。

　㈡聲請人之家人得陪同會面、出遊。

　㈢子女地址、聯絡方式或就讀學校如有變更，相對人應隨時
　　通知聲請人。

　　但是，因為阿威曾經有家庭暴力之紀錄，法院依法准許家庭

暴力加害人會面交往其未成年子女時，應審酌子女及被害人之安全，並得為下列一款或數款命令：(1)命於特定安全場所交付子女。(2)命由第三人或機關團體監督會面交往，並得定會面交往時應遵守之事項。(3)以加害人完成加害人處遇計畫或其他特定輔導為會面交往條件。(4)命加害人負擔監督會面交往費用。(5)禁止過夜會面交往。(6)命加害人出具準時、安全交還子女之保證金。(7)其他保護子女、被害人或其他家庭成員安全之條件。法院如認有違背前述命令之情形，或准許會面交往無法確保被害人或其子女之安全者，得依聲請或依職權禁止之。如違背前項第六款命令，並得沒入保證金。

 **參考法條**

民法第一千零五十五條、非訟事件法第七十一條之六、法院辦理家庭暴力案件應行注意事項壹—乙—三。

18. 離婚後財產權的歸屬

　　小玲與阿威結婚後沒有約定夫妻財產制，在婚姻關係存續中阿威曾買了一棟房子，並登記在阿威名下，離婚後小玲能主張夫妻財產均分嗎？

解說

　　依「民法」的規定，夫妻財產制有「聯合財產制」、「分別財產制」及「共同財產制」三種。夫妻可協議選用其中任何一種，但如選用分別財產制必須向法院登記處登記，才生對抗第三人之效力。而如未約定適用何種財產制者，則依法以「聯合財產制」為夫妻財產制。

　　而適用聯合財產制之夫妻，依民國七十四年六月三日修正前的舊法規定及實務見解，凡登記在妻名下的不動產，除非妻子能證明該不動產是屬妻之特有財產（即專供妻個人使用之物、職業上必需之物、經贈與人聲明為特有財產者、或勞力取得之報酬）或原有財產（即妻於結婚時所有之財產，及婚姻關係存續中因繼承或其他無償取得之取得），否則均應推定為夫所有，對女性來講很不公平。因此，民國七十四年六月五日「民法親屬編」修正生效後，改採兩性平等原則，不動產所有權之歸屬，完全以「登記」

名義為判斷標準，登記為夫名義，即夫所有；登記為妻名義，為妻所有。

　　但是適用聯合財產制的夫妻，為了貫徹男女平等之原則，例如夫妻之一方在外工作或經營企業，他方雖僅在家操持家務、教養子女，然亦備極辛勞，亦因如此方使一方得無後顧之憂，專心發展事業，故因此所增加之財產，不能不歸功於他方之協力，故除了因繼承或其他無償取得之財產外，他方自有平均分配之權利。故「民法」規定，夫妻在法定財產制關係消滅（如離婚、改用其他財產制或其中一方死亡）時，夫或妻現存之婚後財產，扣除婚姻關係存續中所負債務、因繼承、無償取得之財產及慰撫金後，如有剩餘，其雙方剩餘財產之差額，應平均分配，但請求權人必須在知有剩餘財產之差額時起二年內行使。

　　因此，案例中，小玲與阿威未約定夫妻財產制，依法應適用聯合財產制，適用聯合財產制之結果，該婚姻關係存續中所買的房子，登記在阿威名下，即屬阿威所有，但是小玲可以行使剩餘財產分配請求權，請求平均分配剩餘財產。如果阿威不肯給付，小玲可以起訴請求法院判決命阿威給付，請求分配剩餘財產之起訴狀範例如下：

民事起訴狀

訴訟標的金額：新臺幣貳佰伍拾萬元整

原　　告　　　小玲　　　　住：

被　告　　阿威　　　住：

為請求剩餘財產分配事件，依法起訴事：

　　　訴之聲明

一、被告應給付原告新臺幣貳佰伍拾萬元整，及自起訴狀繕本
　　送達之翌日起至清償日止按年息百分之五計算之利息。

二、訴訟費用由被告負擔。

三、願供擔保，請准予宣告假執行。

　　　事實及理由

一、緣兩造於民國（下同）○年○月○日結婚，婚後並無約定
　　夫妻財產制，嗣於○年○月○日經法院判決離婚（證物一），
　　被告於婚後有於○年○月○日購買坐落臺中市西區○段○
　　小段○地號土地乙筆（權利範圍一○○○○分之一○七八）
　　及其上○○號建物乙棟（即門牌號碼：臺中市○○路○○
　　號），價值四百萬元，有土地及建物登記簿謄本各乙份可稽
　　（證物二），並有彰化銀行南屯分行存款二百萬元（證物三），
　　除上開房地於兩造離婚當時尚有貸款一百萬元外，被告並
　　無其他負債，扣除上開房貸後，被告於離婚時婚後財產有
　　五百萬元（400萬＋200萬－100萬＝500萬），原告則無
　　任何婚後財產。

二、按法定財產制關係消滅時，夫或妻現存之婚後財產，扣除
　　婚姻關係存續中所負債務後，如有剩餘，其雙方剩餘財產
　　之差額，應平均分配，「民法」第一千零三十條之一第一項
　　定有明文。查兩造結婚後並無約定夫妻財產制，依「民法」

第一千零五條規定，應以法定財產制為夫妻財產制。次查兩造於〇年間結婚，原告因不堪被告同居之虐待訴請離婚，經　鈞院於〇年〇月〇日以〇年度婚字第〇號判決准兩造離婚，兩造婚姻長達十餘年，原告對家庭付出諸多心力，貢獻不小，為此依「民法」第一千零三十條之一規定請求被告給付平均分配之差額即新臺幣二百五十萬元（500 萬÷2=250 萬）。

三、綜上所述，懇請　鈞院鑒核，賜判決如訴之聲明，以保權益，至感德便。

　　此　致

臺灣　　　地方法院家事法庭

證物名稱及件數

一、民事判決暨確定證明書影本各乙份。

二、土地及建物登記簿騰本正本各乙份。

三、存摺影本乙份。

（如無法取得存摺影本資料，可請求法院依帳號向銀行函查存款情形）

中華民國　　　年　　　月　　　日

具狀人　　　　　　　簽名蓋章

 **參考法條**

民法第一千零三十條之一。

19. 家庭暴力受害者可申請之各項補助

案例

小玲離婚後，因為沒有一技之長，只能靠打零工過生活，經濟狀況很不穩定，今天社工員來家裡拜訪，告訴小玲政府有相關的補助可以幫助她渡過難關，這是真的嗎？小玲可以申請哪些補助呢？

解說

為了幫助遭逢不幸的婦女重新站起來，政府在民國八十九年五月公布了「特殊境遇婦女家庭扶助條例」，對於「特殊境遇婦女」，即十五歲以上，六十五歲以下之婦女，其家庭總收入按全家人口平均分配，每人每月未超過政府當年公布最低生活費用標準 2.5 倍，且未超過臺灣地區平均每人每月消費支出 1.5 倍，並具有下列情形之一者：(1)夫死亡或失蹤者；(2)因夫惡意遺棄或受夫不堪同居之虐待經判決離婚確定者；(3)因家庭暴力、性侵害或其他犯罪受害，而無力負擔醫療費用或訴訟費用者；(4)因被強制性交、誘姦受孕之未婚婦女，懷胎三個月以上至分娩兩個月內者；(5)單親無工作能力，或雖有工作能力，因遭遇重大傷病或為照顧子女未能就業者；(6)夫處一年以上之徒刑且在執行中者，皆可依該規定申請相關扶助。

而該條例所定之扶助，包括「緊急生活扶助」、「子女生活津貼」、「子女教育補助」、「傷病醫療補助」、「兒童托育津貼」、「法律訴訟補助」及「創業貸款補助」等，且得申請之扶助不以單一項目為限。但是，符合前述第㈢種情形者，以申請傷病醫療補助或法律訴訟補助為限。惟如依其他法令規定取得生活扶助、給付或安置者，亦不予重複扶助。各項扶助申請之要件如下：

一、「緊急生活扶助」之申請

符合上述各種情況者，得申請緊急生活扶助，按當年度低收入戶每人每月最低生活費用標準一倍核發，每人每次以補助三個月為原則，同一個案以補助一次為限。申請緊急生活扶助，應於事實發生後三個月內，檢具戶口名簿影本及其他相關證明文件，向戶籍所在地之主管機關（直轄市、縣市政府）提出申請，或由鄉（鎮、市、區）公所、社會福利機構轉介申請。證明文件取得困難時，得依社工員訪視資料審核之。直轄市、縣（市）主管機關應於緊急生活扶助核准後，定期派員訪視其生活情形。其生活已有明顯改善者，應即停止扶助。

二、「子女生活津貼」之申請

符合上述第(2)種、第(5)種、或第(6)種規定之情形，並有十五歲以下子女者，得申請子女生活津貼。子女生活津貼之核發標準，每一名子女每月補助當年度最低工資之十分之一，每年申請一次。初次申請子女生活津貼者，得隨時提出。但有延長補助情形者，

應於會計年度開始前兩個月提出。直轄市、縣（市）主管機關對申請延長補助者，應派員訪視其生活情形，其生活已有明顯改善者，應即停止津貼。申請子女生活津貼，應檢具戶口名簿影本及其他相關證明文件,向戶籍所在地主管機關提出申請,或由鄉(鎮、市、區) 公所、社會福利機構轉介申請。

三、「子女教育補助」之申請

符合上述各種情況之一，且其子女就讀經立案之公私立高級中等學校者，得申請子女教育補助費，其標準為學雜費之百分之六十。申請子女教育補助，應檢附相關證明文件及繳費收據，於每學期開學後一個月內向學校所在地目的事業主管機關提出申請。

四、「傷病醫療補助」之申請

符合上述第(1)種規定之情形，且有下列情形之一者，得申請傷病醫療補助：1.本人及六歲以上未滿十八歲之子女參加全民健保，最近三個月內自行負擔醫療費用超過新臺幣五萬元，無力負擔且未獲其他補助或保險給付者，自行負擔醫療費用超過新臺幣五萬元之部分，最高補助百分之七十，每人每年最高補助新臺幣十二萬元。2.未滿六歲之子女，參加全民健保，無力負擔自行負擔之費用者，凡在健保特約之醫療院所接受門診、急診及住院診者，依「全民健康保險法」第三十三條及第三十五條之規定應自行負擔之費用，每人每年最高補助新臺幣十二萬元。申請傷病醫

療補助，應於傷病發生後三個月內，檢具相關證明文件、健保卡正、反面影本、診斷證明書及醫療費用收據正本，向戶籍所在地主管機關提出申請；未滿六歲之子女傷病醫療補助申請，應向戶籍所在地之鄉（鎮、市、區）公所申請醫療補助證後，逕赴保險人特約之醫療院所就診，並由醫療院所按月造冊向直轄市、縣(市)主管機關申請。

五、「兒童托育津貼」之申請

符合上述第(1)種、第(2)種、第(5)種及第(6)種規定之情形，並有未滿六歲之子女者，應優先獲准進入公立托教機構；如子女進入私立托教機構時，得申請兒童托育津貼每人每月新臺幣一千五百元。申請兒童托育津貼，應於事實發生後三個月內檢具相關證明文件向戶籍所在地主管機關申請。直轄市、縣（市）主管機關對申請延長補助者，應派員訪視其生活情形，其生活已有明顯改善者，應即停止津貼。但已進入公立托教機構者，得繼續接受托育。

六、「法律訴訟補助」之申請

符合前述第(3)種規定之情形，而無力負擔訴訟費用者，得申請法律訴訟補助。其標準最高金額以新臺幣五萬元為限。申請法律訴訟補助，應於事實發生後三個月內檢具相關證明、律師費用收據正本及訴訟或判決書影本各一份，向戶籍所在地之主管機關申請。

七、「創業貸款補助」之申請

符合前述第(1)種、第(2)種、第(5)種及第(6)種規定之情形，且年滿二十歲者，得申請創業貸款補助。

因此，案例中小玲遭受家庭暴力，並不堪其夫阿威同居之虐待經法院判決離婚，符合前述第(2)種及第(3)種情形，如家境困難，得尋求社工人員之幫助，向政府申請緊急生活扶助、子女生活津貼、子女教育補助、兒童托育津貼、法律訴訟補助及創業貸款補助等，以協助渡過難關。

 **參考法條**

特殊境遇婦女家庭扶助條例第四條至第十二條。

20. 離婚後子女出養問題

案例

　　小玲離婚並爭取到兩個小孩的監護權後，一個人工作還要照顧兩個小孩，常常覺得力不從心，小玲的哥哥嫂嫂結婚多年都沒有生育，他們看小玲這麼辛苦，建議小玲乾脆把兩個小孩給他們收養，這樣小玲將來如果遇到比較好的對象，也可以考慮再婚。小玲看哥哥嫂嫂對這兩個小孩愛護有加，於是向阿威談起這個提議，但是阿威堅決不同意，小玲應該怎麼辦？

解說

　　所謂「收養」，就是收養別人的子女，作為自己的養子、養女。而養子女在法律上的地位與親生子女是相同的。被收養人一旦被收養後，與本生父母的關係，即處於停止的狀態。但收養依法有一定之限制，必須：(1)夫妻收養子女應共同辦理，不得單獨一人收養子女。但夫妻之一方收養他方的子女時，可由一人單獨收養。(2)收養人應比被收養人年長二十歲以上，夫妻有一人年齡不比養子女年長二十歲以上，收養就不合法。(3)直系血親不得收養，因此，祖父母、外祖父母，不得收養自己的孫子女、外孫子女為養子女。直系姻親也不得收養，因此，公婆不得收媳婦為養女，岳父母也不得收女婿為養子。但是，夫可收養妻與前夫之子女，妻

也可收養夫與前妻之子女。旁系血親及旁系姻親的輩分不相當者，亦不得收養。但是旁系血親在八親等之外、旁系姻親在五親等之外者，則可以收養。(4)一個人除給夫妻二人收養外，不能再給他人收養。(5)結過婚的人欲被收養時，應得到配偶的同意。

又收養的程序，必須：

㈠訂立書面契約：收養要訂立收養的書面契約，收養契約的當事人是收養人和被收養人，而七歲以上的未成年人，則應得到法定代理人的同意，被收養人未滿七歲者，由法定代理人代為辦理。但是被收養人未滿七歲而無法定代理人者，可以不訂立書面契約。

㈡聲請法院認可：收養須由收養人和被收養人一同具狀向收養人住所地的法院聲請裁定認可。並應提出收養契約書、收養人及被收養人的戶籍謄本、如有應得他人同意（如未成年人應得法定代理人同意）之情形者，其同意之證明、如係成年人被收養時，應提出其本生父母所具，無需由其照顧、扶養的證明文件、未成年人被收養時，收養人應提出職業、財產及健康證明文件等文件，供法院審酌。法院於受理後，會調查當事人是否確有收養及被收養的意思，以及收養人的品行、能力，是否對被收養人不利等，若收養有無效或得撤銷之原因（即有違反上開收養的限制之情形）、或有事實足認收養於養子女不利、或成年人被收養時，依其情形，足認收養於其本生父母不利者，法院將不予裁定認可。如無上開情事，法院將會予以裁定認可，法院的認可裁定送達後十日內如無人抗告者，即告確定，可向法院聲請發給確定證明，持

裁定及確定證明，即可到戶政事務所辦理收養戶籍登記（然收養只要經過法院認可後，收養的權利義務就發生了，即便沒有辦理戶籍登記，亦不生影響）。

　　至於夫妻離婚後，擁有監護權的一方，可否單獨將未成年子女出養他人？依法院實務見解認為夫妻離婚後，未成年子女歸由一方監護時，他方之監護權不過「一時停止」而已，至於父母子女間之親子關係，並不受任何影響。而收養關係一旦成立，將使養子女與本生父母間之關係，除保持自然血緣關係外，餘皆停止，故監護權一時停止之他方與子女間本不受影響之親子關係，將因子女之出養而消滅。從而，夫妻離婚後，有監護權之一方應得監護權一時停止（即未任監護權）之他方同意，始得將其監護之子女出養，否則僅憑有監護權之一方同意或代為出養行為，即可消滅監護權一時停止之他方與子女間之親子關係，殊欠允當（最高法院八十六年度家抗字第十七號裁定意見參照），因此，有監護權的一方，原則上是不能單獨出養子女的。

　　但是，當未成年子女未滿十八歲時，因「兒童及少年福利法」有特別規定，依該法第十四條第七項的規定，父母對於兒童及少年出養之意見不一致，或一方所在不明時，父母之一方仍可向法院聲請認可。經法院調查認為收養乃符合兒童及少年之最佳利益時，應予認可。因此，未任監護權人之一方即便不同意未成年子女出養他人，但任監護權之一方仍得單獨向法院提出申請，法院經審酌後，如認出養是對小孩有利者，仍會裁定認可。但如子女已滿十八歲，因不適用「兒童及少年福利法」之規定，應回歸到

上開實務見解，有監護權之一方是不能單獨出養子女的。

　　因此，案例中小玲欲出養二名子女，雖然阿威不同意，但只要兩名子女未滿十八歲，小玲仍得向法院聲請認可，法院調查後如認二名子女給小玲的哥哥嫂嫂收養是符合二名子女的最佳利益的話，會予以裁定認可，小玲即可達到兩名小孩讓哥哥嫂嫂收養的目的。

 **參考法條**

　　民法第一千零七十二條至第一千零七十九條、兒童及少年福利法第十四條。

貳

性騷擾篇

1. 何謂性騷擾?

案例

　　小雲是全公司最年輕美麗的女性員工，公司裡的男同事總喜歡故意找機會接近她，但是小雲發現，這些男同事總是喜歡說些令人感覺很不舒服的黃色笑話，每次小雲制止，男同事們就越說越起勁，還故意調侃小雲別再裝清純了，這些舉止讓小雲覺得很受不了，卻又不知道該怎麼辦。請問男同事們的行為，算是一種性騷擾嗎?

解說

　　性騷擾問題普遍存在於職場、校園及公共場所，根據調查顯示，在臺灣約有四成的女性曾經有遭受到性騷擾的經驗，而性騷擾問題對於受害者所造成的壓力和傷害，往往超出想像，根據調查指出，約百分之九十的人在遭受性騷擾後，會出現頭痛、胃痛、失眠、疲勞、緊張等壓力創傷症候群現象，另外，也有百分之七十五的受害者會因性騷擾的打擊，而影響到工作表現與生涯規劃，因此，為了使社會能有健康的發展、人身安全能有進一步的保障，性騷擾的防治，確有其必要，應運這個需求，我國在民國九十四年二月五日公布了「性騷擾防治法」，並定於民國九十五年二月五日開始施行。

　　而所謂的「性騷擾」，依該法規定，是指性侵害犯罪以外，對他人實施違反意願而與性或性別有關之行為，且有下列情形之一者：⑴以該他人順服或拒絕該行為，作為其獲得、喪失或減損與工作、教育、訓練、服務、計畫、活動有關權益之條件。⑵以展示或播送文字、圖畫、聲音、影像或其他物品之方式，或以歧視、侮辱之言行，或以他法，而有損害他人人格尊嚴，或造成使人心生畏怖、感受敵意或冒犯之情境，或不當影響其工作、教育、訓練、服務、計畫、活動或正常生活之進行。另外，我國在民國九十一年一月十六日，為了保障兩性工作權的平等，制訂了「兩性工作平等法」，在該法中對於性騷擾亦有做出定義，該法所稱的性騷擾，謂下列二款情形之一：⑴受僱者於執行職務時，任何人以性要求、具有性意味或性別歧視之言詞或行為，對其造成敵意性、脅迫性或冒犯性之工作環境，致侵犯或干擾其人格尊嚴、人身自由或影響其工作表現；⑵僱主對受僱者或求職者為明示或暗示之性要求、具有性意味或性別歧視之言詞或行為，作為勞務契約成立、存續、變更或分發、配置、報酬、考績、陞遷、降調、獎懲等之交換條件。

　　因此，舉凡對被害人提出有關於性的要求、性的交換（如交換工作機會、考績、升遷等），或為與「性」有關的語言、舉動，如開黃腔、吃豆腐、毛手毛腳、展示猥褻影片、公然暴露性器官、跟蹤、或任何被碰觸的人覺得不舒服的身體觸摸，甚至是猥褻的舔舌頭、拋媚眼、盯著身體猛看等，都屬性騷擾的一種。故案例中男同事們對小雲講黃色笑話，只要讓小雲感覺不舒服，或被歧

視、被冒犯，當然也構成性騷擾。

參考法條

性騷擾防治法第二條、兩性工作平等法第十二條。

2. 面對性騷擾時如何自保？如何蒐集證據？

● 案例

　　小雲受不了男同事們老是故意在她面前開黃腔，這讓小雲覺得很不舒服，這天主管出差，男同事們更誇張的公然在辦公室裡播放 A 片，不但起鬨要求小雲一起看，還故意拿小雲的身材與 A 片裡的女主角做比較，小雲當場感到又氣憤又羞赧，面對這種情況，小雲應該怎麼辦呢？如果想要追究這些男同事的行為，要如何蒐集證據呢？

解說

　　面對性騷擾時，大多數的人都有驚嚇、羞愧、憤怒等情緒，且往往因不知所措而選擇沉默，然而沉默並無法制止性騷擾的發生，有時反而會讓騷擾者更加肆無忌憚。因此，面對性騷擾時，如果有任何不舒服的感覺，第一步應該要勇敢的說「不!」。但注意說「不」時的態度必須嚴肅、明確的讓人知道你的憤怒與不悅，且必須堅持到底，直至騷擾者停止騷擾行為為止，否則半途而廢會讓騷擾者更有藉口主張你是假正經。事後，應該將自己的情形及感到不舒服的情緒告訴其他同事或主管，不僅可以避免自己被騷擾者孤立，同時也可以和有相同經驗或願意幫忙的同事，一起想辦法阻止性騷擾的再次發生。

以上是遇到熟人性騷擾時應採取的舉動，但如面對的是被陌生人性騷擾時，應該要立即採取反抗，可選擇大叫色狼、大罵或其他表示憤怒的行為，除可制止對方行為外，並可引來他人的注意讓色狼知難而退，因為根

遇性騷擾時，應立即採取反抗。（圖片來源：ShutterStock）

據研究顯示，此類色狼通常很膽小，只要被害人大聲呼叫，他們多半會因嚇到及受到眾人注目的眼光而停止騷擾行為，反而是被害人越害怕、越沉默，色狼越高興、越得寸進尺。

如果不確定是不是被性騷擾（如有人在身旁擠來擠去、感覺被故意碰觸等），只要有不舒服的感覺，應該立刻嚴正的詢問：「先生，你在幹什麼？」、「不要一直碰我好嗎？」，如此可以從對方的反應中知道是不是被性騷擾或僅是自己誤會了，如對方確實有性騷擾意圖，你的嚴正詢問，也可以進一步制止性騷擾的發生。

又性騷擾發生的時間、地點、對象通常不固定，且過程可能極為短暫，故為了切實掌握性騷擾的證據，以便於事後的追究，被害人需注意掌握人、事、時、地、物：

㈠人：是指性騷擾的行為人，須注意記住包括他的衣著特徵，如學生或社會人士，是否穿著制服、何種制服、何種服裝、有無名牌或識別證、有無服務單位的名稱。長相的特徵，如長短髮、有無染髮、留鬍子、戴眼鏡。身材的特徵，如高矮胖瘦、有無刺

青、有無殘疾。攜帶物品的特徵，如所攜帶提包之樣式、顏色等。

㈡事：是指性騷擾行為的內容，如開黃腔的內容、毛手毛腳的動作等，且應特別記住覺得不舒服的細節。

㈢時：指遭到性騷擾的時間，越確實越好，是幾年幾月幾日上午、下午或晚間幾點幾分左右。

㈣地：指發生的地點、場所，如為建築物，應牢記樓層、處所。

㈤物：指有何證物留存，比如性騷擾者留下之物品（如猥褻圖片、影帶），或性騷擾言語的錄音，或發生場所的監視錄影帶等。

㈥其他：性騷擾發生時，被害人應大聲抗議、呼救以引起在場人士的注意，如此一方面可嚇走色狼，另方面可由在場者目視、聽聞性騷擾的經過，將來作為人證，因此，若在場有人看到，需記住該證人的姓名、長相、甚至留下地址、電話等資料，將來可作為證據。

因此，案例中小雲對於男同事公然播放 A 片的行為感到不舒服，應該要以嚴正的態度大聲的拒絕，請男同事停止播放，且小雲可將這段不愉快的遭遇經過記錄下來，並留存相關證據（如 A 片、男同事開玩笑的對話錄音等），將來可以依法提出申訴或請求賠償。

3. 法律對於性騷擾行為人的處罰規定

案例

　　小雲對於男同事在辦公室播放 A 片且拿她的身材開玩笑的行為，感到非常憤怒，小雲想知道，法律上有可以制裁這些男同事的處罰規定嗎？

解說

　　在「性騷擾防治法」施行前，法律並沒有針對性騷擾做出明確的處罰規定，大多須依「刑法」或「社會秩序維護法」等相關法令來認定行為人是否構成犯罪，依刑法規定，意圖供人觀覽，公然為猥褻之行為者，處一年以下有期徒刑、拘役或三千元以下罰金。另外，散布、播送猥褻之文字、圖畫、聲音、影像或其他物品供人觀覽、聽聞者，依法得處二年以下有期徒刑、拘役或科或併科三萬元以下罰金。而如果是以言語開黃腔，依「社會秩序維護法」規定，以猥褻之言語、舉動或其他方法，調戲異性者，亦可處新臺幣六千元以下罰鍰。且如果所開的黃腔已涉及到人身攻擊，有可能另行觸犯「刑法」的公然侮辱罪，可處拘役或三百元以下罰金。

　　但是性騷擾行為的態樣百變，情節亦輕重有別，「刑法」或「社會秩序維護法」等規定，有些要件太過於嚴格、有些根本未涵蓋

性騷擾行為的態樣，致使許多騷擾行為因法令的疏漏而被排除在刑事處罰之外，使行為人有恃無恐，被害人有苦難言，為了彌補上述的法規欠缺，新制定的「性騷擾防治法」規定，「對他人為性騷擾者，由直轄市、縣（市）主管機關處新臺幣一萬元以上十萬元以下罰鍰」、「對於因教育、訓練、醫療、公務、業務、求職或其他相類關係受自己監督、照護之人，利用權勢或機會為性騷擾者，得加重科處罰鍰至二分之一」，因此，該法施行後，性騷擾之被害人得依該等規定請求主管機關對加害人科處罰鍰以資制裁。

又性騷擾中以直接碰觸被害人身體者，對於被害人的身心影響最大，為此，「性騷擾防治法」亦規定，「意圖性騷擾，乘人不及抗拒而為親吻、擁抱或觸摸其臀部、胸部或其他身體隱私處之行為者，處二年以下有期徒刑、拘役或科或併科新臺幣十萬元以下罰金。前項之罪，須告訴乃論」，將故意接觸被害人身體之騷擾行為正式列入刑事處罰之範圍，以嚇阻性騷擾行為，並維護被害人的人權。但該罪依法須告訴乃論，亦即須由被害人或其他得為告訴之人（如被害人之法定代理人、配偶，如被害人已死亡者，得由其配偶、直系血親、三親等內之旁系血親、二親等內之姻親或家長、家屬）於知悉犯罪後六個月內向警方或偵查機關報告犯罪事實，請求追訴犯罪行為人的刑責，如僅申告犯罪事實，而無請求訴追之意思表示（如一般所稱之備案），則因欠缺訴訟要件，不能進行偵查程序而使行為人受到刑事制裁。

因此，案例中小雲的男同事們公然播放 A 片、並拿小雲身材開玩笑的行為，可能觸犯「社會秩序維護法」調戲異性、及「刑

法」播送猥褻物品、甚至是公然侮辱等相關規定，且依「性騷擾
防治法」之規定，主管機關亦得對男同事們科處罰鍰，小雲有權
向警察提出告訴，請求司法制裁該等行為不檢的男同事，亦可向
主管機關（即縣、市政府）提出檢舉，請求主管機關對男同事們
科處罰鍰。

 **參考法條**

刑法第二百三十四條、第二百三十五條、第三百零九條、社會
秩序維護法第八十三條第三款、性騷擾防治法第二十條、第二
十一條、第二十五條。

4. 性騷擾被害人之損害賠償請求權

●案例

　　小雲的男同事們在辦公室播放 A 片要求小雲一同觀賞，且拿她的身材開玩笑，讓小雲覺得非常難堪及不舒服，連日來小雲惡夢連連，甚至因精神不佳而有頭痛、胃痛等症狀，小雲到醫院去就診，醫師建議她要持續服藥治療，小雲對於男同事的行為，造成她的傷害，可否請求賠償？

解說

　　性騷擾行為可能會對被害人造成身體上的創傷症候群，甚至會因此影響被害人的工作表現及生涯規劃，故針對性騷擾行為所造成被害人有形如身體、健康之傷害，無形之精神上打擊或名譽的貶抑，「性騷擾防治法」規定，對他人為性騷擾者，負損害賠償責任，雖非財產上之損害，亦得請求賠償相當之金額，其名譽被侵害者，並得請求回復名譽之適當處分，因此，被害人可依該規定請求加害人賠償財產上損害、非財產上的精神慰撫金及回復名譽之適當處分，茲分述如下：

一、財產上損害

　　如行為人實施騷擾行為，直接造成被害人財產上（如損壞衣

服）、或造成被害人身體、精神上的損害（如憂鬱症）所支出的費用（如醫藥費等），加害人均應賠償。如性騷擾行為對於被害人身體或健康造成重大、難治之傷害，經長期治療仍無法治癒，造成被害人工作能力喪失或減少者，對於喪失或減少之勞動能力，加害人亦應負賠償責任。

二、非財產上損害

有甚大比例之被害人會因性騷擾行為產生「壓力創傷症候群」，即有睡眠失調、頭痛、胃痛、疲累、緊張等生理症狀，造成被害人精神之重大打擊，感覺痛苦不堪，雖心理、精神痛苦無法以客觀財產價值估計，但被害人仍得請求賠償相當金額之慰撫金，其數額多寡可由當事人雙方協議定之，如雙方無法協議，將來走上法院，法院會衡量雙方的社會、經濟地位、教育程度等一切情況來決定。

三、回復名譽

名譽是個人在社會上所受到的評價及尊重，屬於人格權的一部分，依法應受保護，任何人不得加以侵害，如性騷擾行為人以言詞、文字破壞被害人的評價與尊重，造成他人對被害人厭惡、嘲弄、輕視等，均構成對被害人名譽權之侵害，被害人依法得請求回復名譽之適當處分，如由加害人登報道歉等。

而實務上性騷擾賠償之案例，曾有某大醫院麻醉部醫師因二度利用手術前後機會，故意以手碰觸被害護士的背、頸、肩及臀

部，被害護士當下即提出抗議，但該醫師竟以「我是給你面子，怕你沒人摸」、「那讓你摸回來嘛」、「碰一下就鬼叫鬼叫」等輕蔑言語回應，被害護士因此訴請法院要求該醫師須賠償精神慰撫金新臺幣一百萬元，法官審理後，認定醫師確有二次性騷擾行為，但衡量兩造的社會、經濟、教育程度等一切情況，判決該實施性騷擾之醫師必須賠償被害護士精神慰撫金四十萬元。

因此，案例中小雲遭受男同事性騷擾，依法可請求男同事賠償其因此所支出之醫療費及精神上的慰撫金，如小雲的名譽受到影響，還可以請求男同事們登報道歉。

 **參考法條**

性騷擾防治法第九條。

5. 相關單位之性騷擾防治義務

案例

　　小雲把遭到男同事性騷擾的事情跟主管報告，沒想到主管竟然向小雲表示那是男同事的個人行為，雖然男同事們在上班時間播放 A 片，但是只要有把工作做完，沒有影響到工作，公司也管不了，還叫小雲不要再張揚此事，否則會影響工作士氣及公司形象。主管這樣的說法與態度正確嗎？

解說

　　性騷擾的發生，無論對個人、工作單位、企業組織、機關團體，都會產生極大的負面效應，在美國曾有專家估計，全美國的企業組織平均每年為性騷擾所支出之訴訟費用、員工離職費用、新進人員訓練費用及因士氣低落、產能下降等，付出約八百萬美金的巨額損失。此外，由於性騷擾是一種破壞工作關係與倫理的權力濫用，對於受騷擾者的情緒、生活適應、與工作成績等，都會造成傷害，也會影響工作場所的整體工作績效、員工相處的氣氛及兩性的互動關係等，因此，無論是個人與單位組織，都應該致力於性騷擾事件的防治，不但能保障員工權益及維護事業單位的聲譽與績效，亦是企業降低經營成本的最好策略。

　　因此，「性騷擾防治法」規定，機關、部隊、學校、機構或僱

用人，應防治性騷擾行為之發生。於知悉有性騷擾之情形時，應採取立即有效之糾正及補救措施，不可坐視不管。如組織成員、受僱人或受服務人員人數達十人以上者，尚應設立申訴管道協調處理；如人數達三十人以上者，應訂定性騷擾防治措施，並公開揭示。且為預防與處理性騷擾事件，中央主管機關應訂定性騷擾防治之準則，內容應包括性騷擾防治原則、申訴管道、懲處辦法、教育訓練方案及其他相關措施。如機關、部隊、學校、機構或僱用人於知悉有性騷擾之情形時，不採取立即有效之糾正及補救措施，或人數達一定標準未設立申訴協調處理管道、未訂定並公開揭示性騷擾防治措施者，直轄市、縣（市）主管機關（即直轄市、縣市政府）得處新臺幣一萬元以上十萬元以下罰鍰，經通知限期改正仍不改正者，得按次連續處罰。

故案例中，小雲遭受性騷擾而向主管報告，主管依法應採取立即有效的糾正及補救措施，主管息事寧人的態度，非但無法平息紛爭，甚至會使公司生產力降低、人才流失，小雲可將此嚴重性及相關法令的規定與主管溝通，請主管重視此事，積極處理，如主管仍置之不理，可向縣（市）政府針對公司之處理態度提出檢舉，由主管機關對公司科處罰鍰，如主管機關處罰後限期公司改正，公司仍不改正者，得連續處罰至改正為止。

 **參考法條**

性騷擾防治法第七條、第二十二條。

6. 性騷擾事件之申訴程序

案例

小雲把遭到男同事性騷擾的事情跟主管報告，但主管息事寧人的態度讓小雲很難接受，小雲希望老闆能替她主持公道，小雲該怎麼做呢？

解說

依「性騷擾防治法」規定，性騷擾事件被害人除可依相關法律請求協助外，並得於事件發生後一年內，向加害人所屬機關、部隊、學校、機構、僱用人提出申訴。如果怕主管或老闆「吃案」，被害人亦可選擇直接向直轄市、縣（市）政府提出申訴，縣（市）政府受理後，會將案件移送加害人所屬機關、部隊、學校、機構或僱用人調查，並予錄案列管，如加害人不明或不知有無所屬機關、部隊、學校、機構或僱用人時，將移請事件發生地警察機關調查。

而機關、部隊、學校、機構或僱用人，應於申訴或移送到達之日起七日內開始調查，並應於二個月內調查完成（必要時，得延長一個月），並應將調查結果及懲處情形以書面通知當事人及直轄市、縣（市）主管機關。如機關、部隊、學校、機構或僱用人逾期未完成調查或當事人不服其調查結果者，當事人得於期限屆

滿或調查結果通知到達之次日起三十日內，向直轄市、縣（市）主管機關提出再申訴。直轄市、縣（市）主管機關受理性騷擾再申訴案件後，應由設置之「性騷擾防治委員會」主任委員於七日內指派委員三人至五人組成調查小組，並推選一人為小組召集人進行調查，如調查結果屬實，將由縣（市）政府對行為人科處新臺幣一萬元以上、十萬元以下的罰鍰。

另外，「性騷擾防治法」亦規定，機關、部隊、學校、機構、僱用人對於在性騷擾事件申訴、調查、偵查或審理程序中，為申訴、告訴、告發、提起訴訟、作證、提供協助或其他參與行為之人，不得為不當之差別待遇，亦即不能因被害人提出申訴或其他員工協助作證而將被害人或作證員工開除、降職、或減薪等不利的處分，否則除應負損害賠償責任外，並得由直轄市、縣（市）主管機關處新臺幣一萬元以上十萬元以下罰鍰，經通知限期改正仍不改正者，得按次連續處罰。

故案例中，小雲遭受性騷擾而向主管報告，主管仍置之不理，小雲除可向縣（市）政府檢舉公司的處理態度外，並可以書面方式向公司或縣（市）政府對於遭受性騷擾一事提出申訴，小雲提出申訴後，公司依法必須進行調查，並做出調查報告，如認定男同事確實有性騷擾行為，必須對男同事做出懲處，如小雲向公司提出申訴後公司仍不理會，小雲可向縣（市）政府性騷擾防治委員會提出再申訴，請縣（市）政府介入處理。

 **參考法條**

性騷擾防治法第十條、第十三條、第十四條、第二十三條。

7. 性騷擾事件之調解程序

●案例

小雲遭受男同事性騷擾導致身心受害，向公司提出申訴後，公司僅對男同事口頭申誡，小雲不甘心，想進一步向男同事請求賠償，但是男同事覺得小雲小題大作，不予理會，小雲知道必須提出訴訟，才能強制男同事賠償，但是小雲沒有去過法院，除了到法院去告男同事以外，還有沒有別的方法？

解說

解決紛爭，除可循一般訴訟程序到法院提出訴訟外，尚可依「鄉鎮市調解條例」相關規定，向鄉鎮市區公所設置之調解委員會聲請調解。而調解的好處在於：

一、節省時間及金錢

調解除有勘驗必要，勘驗費應由當事人核實開支外，不徵收任何費用及報酬。聲請調解後，調解委員會將立即定期通知兩造進行調解，如調解成立，可盡速解決紛爭，避免訴訟之曠日費時。

二、和平解決紛爭

鄉鎮市公所設置之調解委員會，是由鄉鎮市長推薦具有法律

知識、信望素孚之公正人士送請鄉鎮市民代表會同意後聘任為調
解委員,直轄市及省轄市之區則於區公所設置調解委員會,調解
委員由區長報請市政府提經市議會同意後聘任之,調解事件經由
公正、熱心的調解委員,秉持和藹懇切之態度,勸諭當事人互相
讓步以和平方式消彌紛爭,可使被害人不必與加害人對簿公堂,
減少二度傷害的可能性。

三、具有法律效力

如經調解成立,調解委員會將作成調解書,並送交法院核定,
法院核定後,如為民事調解即與法院的民事確定判決有同一效力,
具有強大之法律效力。如為刑事調解,其以給付金錢或其他代替
物或為有價證券之一定數量為標的者,其調解書具有執行名義,
如義務人不給付,將來得直接聲請法院強制執行。而告訴乃論之
刑事事件,經調解不成立者,公所依被害人向調解委員會提出之
聲請,可將調解事件移請該管檢察官偵查,並視為於聲請調解時
已經告訴。而如調解成立經法院核定後,當事人就該事件即不得
再行起訴,告訴或自訴。

而性騷擾事件,除了上述向鄉鎮市區公所調解委員會聲請調
解外,依「性騷擾防治法」規定,性騷擾事件雙方當事人得向直
轄市、縣(市)主管機關申請調解。故性騷擾事件之行為人與被
害人,皆得向直轄市、縣(市)政府所設之「性騷擾防治委員會」
申請調解,其方式以書面或言詞方式均無不可,惟應表明申請內
容,即性騷擾之事實及雙方爭議之情形,當事人如係直接以言詞

申請者，應由性騷擾防治委員會之承辦人員製作筆錄，載明申請內容。關於調解費用，性騷擾防治委員會受理調解申請時，原則上不收取任何費用或報酬，惟雙方當事人意見不一，為確定事實而有勘驗必要時，對於勘驗之必要費用，應由申請勘驗之一方支付之。

性騷擾防治委員會受理調解申請後，應定期通知雙方當事人到場調解，當事人應按時到場調解，如有一方或雙方未到場，則調解不成立。而「鄉鎮市調解條例」有當事人兩造各得推舉一人至三人列席協同調解，但「性騷擾防治法」並無類似規定，而性騷擾事件涉及被害人隱私，性質亦與一般調解事件不同，解釋上應認當事人不宜會同第三人到場調解。

雙方當事人均出席調解時，應由主持調解之委員詢問雙方意見，過程中應本和平、懇切之態度，對當事人兩造為適當之勸導，就調解事件，酌擬公正合理辦法，力謀雙方之協和。如經當事人雙方達成賠償之合意，應由性騷擾防治委員會作成調解書，記載下列事項，並由當事人及出席委員簽名、蓋章或按指印：⑴當事人或其法定代理人之姓名、性別、年齡、職業、住、居所。如有參加調解之利害關係人時，其姓名、性別、年齡、職業、住、居所；⑵出席委員姓名；⑶調解事由；⑷調解成立之內容；⑸調解成立之場所；⑹調解成立之年、月、日。並於調解成立之日起三日內，報知縣（市）政府，縣（市）政府應於調解成立之日起十日內，將調解書及卷證送請管轄之法院審核。法院審核後認為調解內容牴觸法令、違背公共秩序或善良風俗或不能強制執行而未

予核定者，應將其理由通知縣（市）政府；認其應予核定者，應由法官簽名並蓋法院印信，除抽存一份外，併調解事件卷證發還縣（市）政府，由縣（市）政府準用「民事訴訟法」之規定送達當事人。

如因當事人未到場，或到場後協議不成，致未能成立和解，當事人得向該管地方政府性騷擾防治委員會申請將調解事件移送該管司法機關進行訴訟，且依「性騷擾防治法」規定，得暫免徵收第一審裁判費（一般民事訴訟，提起訴訟之原告須先預繳依請求金額計算約百分之一點一左右之裁判費）。

因此，案例中小雲遭受男同事性騷擾想請求賠償，但害怕上法院，可選擇向縣（市）政府性騷擾防治委員會申請調解，由調解委員來協調雙方互相讓步作成和解，如調解成立，經調解委員作成調解書送請法院核定後，與法院的確定判決有同一效力，如男同事仍拒不賠償，小雲可持調解書聲請法院查封拍賣男同事的財產（含不動產、動產、存款、薪資等），如男同事未到場或雖到場但調解不成立，小雲亦可聲請移送法院進行訴訟，並可暫免繳納裁判費。

參考法條

性騷擾防治法第十六條至第十九條、鄉鎮市調解條例第二十二條至第二十六條。

8. 性騷擾事件媒體的保密義務

案例

　　小雲遭到男同事性騷擾，向公司提出申訴的過程中，有媒體記者得知此事，於報紙上大肆報導，甚至刊出小雲的照片，讓小雲承受各界的異樣眼光，使得原本做惡夢、頭痛等症狀更加嚴重，小雲向報導的媒體表示抗議，媒體卻向小雲表示這是新聞自由，媒體的說法對嗎？

解說

　　新聞自由，是國家進步、現代化的重要指標之一，因為新聞自由可以保障人民知的權利，並發揮監督政府的效果，但水能載舟，亦能覆舟，近年來媒體為了收視率或閱報率，常大肆報導一些暴力紛爭、腥羶色的八卦事件，甚至在尚未充分瞭解、蒐集足夠證據前，即大肆報導妄加批判，形成社會的亂源。

　　而性騷擾事件，因涉及當事人隱私，為避免媒體為了搶得收視率而大肆報導造成被害人二度傷害，「性騷擾防治法」規定，除非經年滿二十歲，有行為能力的被害人同意，或犯罪偵查機關依法認為有必要者外，廣告物、出版品、廣播、電視、電子訊號、電腦網路或其他媒體，不得報導或記載被害人之姓名或其他足資識別被害人身分之資訊。如有違反，各該目的事業主管機關得處

新臺幣六萬元以上、三十萬元以下罰鍰，並得沒入違法報導的物品或採行其他必要的處置，而經主管機關通知限期改正，屆期不改正者，還可以按次連續處罰至改正為止。

因此，案例中小雲遭受性騷擾提出申訴過程中，如有媒體採訪，小雲可考慮是否願意訴諸媒體輿論的壓力讓公司正視此事，而除非經小雲同意，否則媒體不可以刊登足以讓他人辨別小雲是受害者的資料，小雲可與記者溝通，請其注意上開法律規定，如媒體仍違法報導，小雲可向主管機關（如行政院新聞局等）提出檢舉，請主管機關對該媒體罰款並沒收該等報導的物品，以保護小雲的隱私權。

 參考法條

性騷擾防治法第十二條、第二十四條。

9. 職場性騷擾之雇主防治義務及賠償責任

●案例

　　小雲遭受公司男同事的性騷擾後，以書面向公司提出申訴，公司表示他們是小型企業，沒有設置申訴委員會，如小雲因此而受有傷害，請小雲直接到法院去告，小雲不解，公司的員工有五、六十人，規模也不算小，難道沒有義務設置申訴管道嗎？公司這種推諉、姑息養奸的態度，小雲可以連帶請求公司賠償嗎？

解說

　　性騷擾事件，除了前述的「性騷擾防治法」可資規範外，為了保障兩性工作權的平等，貫徹「憲法」消除性別歧視、促進兩性地位實質平等的精神，我國在民國九十一年一月十六日通過了「兩性工作平等法」，該法中對於性騷擾也有特別規定，因此，在職場中遭逢性騷擾時，應優先適用「兩性工作平等法」的規定。

　　依「兩性工作平等法」規定，雇主知悉有性騷擾之情形時，應採取立即有效之糾正及補救措施，如未採取立即有效之糾正及補救措施，致使受僱者受有損害時，依該法規定，雇主應負賠償責任。

　　此外，在性騷擾事件發生前，雇主即應防治性騷擾的發生，僱用受僱者達三十人以上之雇主，應訂定「性騷擾防治措施、申

訴及懲戒辦法」，並在工作場所公開揭示，否則將被處以新臺幣一萬元以上十萬元以下之罰鍰。雇主可參考行政院勞委會所訂定之「工作場所性騷擾防治措施申訴及懲戒辦法訂定準則」的規定來訂定，範例如下：

××股份有限公司性騷擾防治措施、申訴及懲戒辦法

一、××股份有限公司（以下簡稱本公司）為提供受僱者及求職者免於性騷擾之工作及服務環境，並採取適當之預防、糾正、懲戒及處理措施，以維護當事人權益及穩私，特依「兩性工作平等法」第十三條第一項，以及行政院勞工委員會頒布「工作場所性騷擾防治措施申訴及懲戒辦法訂定準則」等相關規定，訂定本辦法（下稱本辦法）。

二、本公司有關性騷擾事件防治、申訴及懲戒之處理，除法令另有規定外，依本辦法之規定辦理。

三、本辦法適用於本公司員工相互間或各級主管對於所屬員工間發生之性騷擾事件。

四、本辦法所稱之性騷擾，指下列二款情形之一：

(一)以性要求、具有性意味或性別歧視之言詞或行為，對他人造成敵意性、脅迫性或冒犯性之工作環境，致侵犯或干擾他人人格尊嚴、人身自由或影響他人工作表現者。

(二)以明示或暗示之性要求、具有性意味或性別歧視之言詞或行為，作為勞務契約成立、存續、變更或分發、配置、報酬、考績（核）、陞遷、降調、獎懲等之交換條件者。

五、本公司應利用集會及文宣等各種傳遞訊息方式，加強員工有關性騷擾防治措施及申訴管道之宣傳，並於各種訓練、講習課程中，適當規劃防治性騷擾之相關課程。

六、本公司設置有性騷擾申訴之專線電話、傳真、專用信箱及電子信箱，並於布告欄及本公司網頁公告之。

七、本公司為處理性騷擾事件之申訴，應設置性騷擾申訴處理委員會，以不公開方式處理申訴，相關人員因處理申訴事件所知悉之內容應予保密。

八、申訴處理委員會應置召集人一人，由總經理兼任，並為會議主席，召集人因故無法主持會議時，得指定委員代理之；申訴處理委員會置委員五人至七人，由總經理就本公司員工中指定之，委員應親自出席，不得代理，全體委員人數女性不得少於二分之一。

申訴處理委員會應有全體委員二分之一以上出席始得開會，出席委員過半數之同意始得決議。

九、性騷擾之申訴，應由受害者本人或其法定代理人以言詞或書面提出。以言詞提出者，受理之人員或單位應作成紀錄，經申訴人確認內容無誤後，由申訴人簽名或簽章。申訴書或紀錄除由申訴人簽名或簽章外，並應載明下列事項：

㈠申訴人姓名、服務單位及職稱、住居所、聯絡電話、申訴日期。

㈡有代理人者，應檢附委任書，並載明其姓名、住居所、聯絡電話。

(三)申訴之事實及內容。

十、 申訴人或代理人於案件處理期間，得以書面撤回申訴；其經撤回者，不得就同一事由再行提出申訴。

十一、申訴案件有下列情形之一者，不予受理：

(一)未具真實姓名、服務單位及住所者。

(二)無具體事實內容者。

(三)同一申訴事由，已經處理結案者。

(四)非本人之代理人而代本人提出申訴者。

十二、申訴處理委員會決議後應附具理由，並得作成懲戒或其他處理之建議，以書面通知申訴人、申訴人之相對人及本公司。

十三、申訴事件應自申訴人提出申訴後三個月內結案，如有必要得延長二個月，延長以一次為限，但已進入司法程序之性騷擾申訴，申訴處理委員會得決議暫緩調查及決議。

十四、申訴人及申訴人之相對人不服申訴處理委員會之決議者，得於收受決議書後十日內附具書面理由，向申訴處理委員會提出申覆，由申訴處理委員會另召開會議決議處理之。

十五、性騷擾行為經調查屬實者，本公司得視情節輕重，對申訴人之相對人依工作規則等相關規定為懲戒。如被害人提出刑事及民事訴訟時，本公司並應予協助。

十六、性騷擾行為之申訴，經查證後有誣告之情事者，本公司得對申訴人依工作規則等相關規定為懲戒。

> 十七、本公司對性騷擾行為應採取追蹤、考核及監督，以確保懲戒或處理措施有效執行，並避免相同事件或報復情事發生。
>
> 十八、性騷擾事件當事人有輔導或醫療等需要者，本公司得協助轉介至專業輔導或醫療機構。
>
> 十九、本辦法自公布日施行。

此外，雇主除有上述事前防治、事後補救性騷擾行為之義務外，於性騷擾事件發生時，甚至有賠償被害人之義務，依「兩性工作平等法」規定，受僱者或求職者因遭受性騷擾而受有損害者，雇主必須與行為人連帶負損害賠償責任，亦即受害者可以請求雇主與加害人一同賠償損害，除非雇主能證明已經有遵行「兩性工作平等法」所定的各種防治性騷擾規定，且對該事情之發生已盡力防止，才能免除賠償責任，而即便雇主能證明已有盡力防止而免責時，如被害人亦無法向加害人請求獲得賠償時，法院可因被害人的聲請，斟酌雇主與被害人的經濟狀況，命雇主為全部或一部的損害賠償，待雇主賠償後再對加害人求償，因此，一旦有性騷擾事件發生，雇主有連帶賠償責任，雇主不得不慎。

案例中，小雲的公司既僱用員工達三十人以上，老闆即有制訂公布「性騷擾防治措施、申訴及懲戒辦法」，並設置申訴管道之義務，今公司未依法公布並設置申訴管道，小雲得向主管機關提出檢舉，讓主管機關對公司科處罰鍰。此外，因公司未遵行「兩性工作平等法」所定的各種防治性騷擾措施，小雲於公司遭受性

騷擾受有損害，得請求公司與加害人一同賠償損害，賠償的範圍
包括財產上的損害及精神上的慰撫金等。

 參考法條

兩性工作平等法第十三條、第二十七條、第二十八條、第三十
八條。

10. 校園性騷擾之防治

●案例

　　小強目前就讀國中一年級，因正處在對異性感到好奇的青春期，所以對於班上發育較好的女生，便常常調皮搗蛋的故意出手去觸碰她們的胸部，惹得班上的女生對小強都很反感，但女生一瞪他，小強反而更故意去掀女生的裙子。這天，女同學小美因為遭到小強三番兩次的摸胸部、掀裙子，覺得很難過而回家跟爸爸哭訴，隔天小美的爸爸很生氣的到學校理論，堅持要把小強扭送到警察局去，小強看到小美爸爸的強硬態度，開始覺得害怕了，小強不知道，他只是覺得好奇、好玩而已，有這麼嚴重嗎？

(解說)

　　性騷擾之所以於社會上層出不窮，有很多是因為性騷擾的行為人沒有意識到自己的行為已經構成性騷擾，而造成此種狀況，多是出於傳統「男尊女卑」、不尊重、甚至歧視女性的觀念所影響。很多性騷擾行為人總認為「摸一下又不會怎樣」、「開開玩笑嘛！有這麼嚴重嗎？」，而忽略了性騷擾行為可能對受害者造成的心理創傷，故要徹底防治性騷擾的發生，應該要從小建立起「兩性平等」的觀念。

　　為了推展性別平等教育，經過各界多年來的努力，我國在民

國九十三年六月四日，通過了「性別平等教育法」，為校園性別平等教育的施行奠定了正式的法源基礎。根據「性別平等教育法」規定，教育部、直轄市政府、縣（市）政府及各學校均應設置「性別平等教育委員會」，來落實性別平等教育之實施與發展。在學習環境與資源部分，學校應提供性別平等之學習環境，應尊重學生與教職員工之性別特質及性傾向（如同性戀、雙性戀等），學校招生及就學許可不得有性別或性傾向的差別待遇，不得因學生的性別或性傾向而給予教學、活動、評量、獎懲、福利及服務上的差別待遇，對於懷孕的學生，學校亦應積極維護其受教權，並提供必要之協助。如有違反上開性別平等之規定者，得對學校處新臺幣一萬元以上十萬元以下罰鍰，以期能向下紮根、落實性別平等的觀念。

另外，國民中小學、高級中學及專科學校五年制前三年應將性別平等教育融入課程，大專校院應廣開性別研究相關課程，且教職員工之職前教育、新進人員培訓、在職進修及教育行政主管人員之儲訓課程，應納入性別平等教育之內容，其中師資培育之大學之教育專業課程，應有性別平等教育相關課程。此外，學校教材之編寫、審查及選用，亦應符合性別平等教育原則，教材內容應平衡反映不同性別之歷史貢獻及生活經驗，並呈現多元之性別觀點，教師使用教材及從事教育活動時，應具備性別平等意識，破除性別刻板印象，避免性別偏見及性別歧視，教師應鼓勵學生修習非傳統性別之學科領域。

學校教職員工生於進行校內外教學與人際互動時，應尊重性

別多元與個別差異。教師於執行教學、指導、訓練、評鑑、管理、輔導或提供學生工作機會時，在與性或性別有關之人際互動上，不得發展有違專業倫理之關係。教師發現其與學生間之關係有違反前項專業倫理之虞時，應主動迴避教學、指導、訓練、評鑑、管理、輔導或提供學生工作機會。學生應尊重他人與自己之性或身體之自主，不得有不受歡迎之追求行為、以強制或暴力手段處理與性或性別有關之衝突、其他有違善良風俗之行為。

再者，為防範校園性侵害或性騷擾事件之發生，學校應積極推動校園性侵害及性騷擾防治教育，以提升教職員工生尊重他人與自己性或身體自主之知能，並採取下列措施：(1)針對教職員工生，每年定期舉辦校園性侵害或性騷擾防治之教育宣導活動，並評鑑其實施成效；(2)針對性別平等教育委員會及負責校園性侵害或性騷擾事件處置相關單位之人員，每年定期辦理相關之在職進修活動；(3)鼓勵前款人員參加校內外校園性侵害或性騷擾事件處置研習活動，並予以公差登記及經費補助；(4)利用多元管道，公告周知校園性侵害或性騷擾防治準則所規範之事項，並納入教職員工聘約及學生手冊；(5)鼓勵校園性侵害或性騷擾事件被害人或檢舉人盡早申請調查或檢舉，以利蒐證及調查處理。

學校或主管機關應蒐集校園性侵害或性騷擾防治及救濟等資訊，包括：(1)校園性騷擾或性侵害事件之界定、類型及相關法規；(2)被害人之權益保障及學校所提供之必要協助；(3)申請調查、申復及救濟之機制；(4)相關之主管機關及權責單位；(5)提供資源協助之團體及網絡；(6)其他該校性別平等教育委員會認為必要之事

項，並於處理事件時主動提供予相關人員。

　　為防治校園性侵害或性騷擾，學校亦應定期檢視校園整體安全，依空間配置、管理與保全、標示系統、求救系統與安全路線、照明與空間穿透性及其他空間安全要素，定期檢討校園空間及設施之使用情形，並應記錄校園內曾經發生性侵害或性騷擾事件之空間、製作校園空間檢視報告及依據實際需要繪製校園危險地圖，以利校園空間改善。學校應定期舉行校園空間安全檢視說明會，邀集專業空間設計者、師生職員及其他校園使用者參與，公告前條檢視成果、檢視報告及相關紀錄，並檢視校園危險空間改善進度。

　　因此，案例中小強摸女同學胸部、掀裙子的行為，對於女同學已經構成性騷擾，在法律上屬於一種犯罪行為，小強認為沒什麼大不了的，是因為小強的觀念錯誤，為了避免學生觀念的偏差，學校平常即應該依「性別平等教育法」的規定，增加性別教育課程及活動，加強學生性別平等的觀念，以提升學生尊重他人身體自主權之知能，並積極推動校園性騷擾防治教育，防止類似騷擾事件再次發生。

 **參考法條**

性別平等教育法第十二條至第十九條、校園性侵害或性騷擾防治準則第二條至第八條。

11. 校園性騷擾之調查、申復程序

案例

　　文萍是某科技大學的研究生，最近因為開始寫畢業論文而與指導教授常有接觸的機會，前幾天文萍到教授的研究室去找教授討論問題，沒想到教授竟提出要文萍陪他在研究室過夜的要求，經文萍委婉的拒絕後，文萍今天又在實驗室裡遇到教授，教授見四下無人，竟強行摟抱文萍，並對文萍上下其手，文萍驚慌的逃出實驗室，經過冷靜思考後，為了避免其他學生繼續受害，文萍決心站出來向學校檢舉教授的惡行，文萍應該怎麼做呢？學校接獲文萍的檢舉，又應如何處理呢？

解說

　　近年來校園性騷擾、性侵害事件頻傳，為了讓學生有安全的學習環境，杜絕校園性騷擾、性侵害事件的發生，在「性別平等教育法」中，也針對校園性侵害、性騷擾事件學校之調查、處理等程序做出明確的規範。

　　所謂的「校園」性侵害或性騷擾事件，是指性侵害或性騷擾事件之一方為學校校長、教師、職員、工友或學生，他方為學生者而言，且包括不同學校間所發生者。而「性騷擾」，是指符合下列情形之一，且未達性侵害之程度者：(1)以明示或暗示之方式，

從事不受歡迎且具有性意味或性別歧視之言詞或行為，致影響他人之人格尊嚴、學習、或工作之機會或表現者；(2)以性或性別有關之行為，作為自己或他人獲得、喪失或減損其學習或工作有關權益之條件者，如有該等情況發生，學校須依該法之規定調查處理。

為了處理校園性侵害、性騷擾事件，學校依法必須設置「性別平等教育委員會」，發生校園性侵害或性騷擾事件時，被害人或其法定代理人（假如被害人尚未成年而且未婚，父母就是法定代理人）、或其他得知該事件之人得以書面，記載申請人或檢舉人姓名、身分證字號、服務或就學之單位及職稱、住居所、聯絡電話及申請調查日期，如委任代理人代為申請調查者，應檢附委任書，並載明其姓名、身分證字號、住居所、聯絡電話，並寫明申請調查之事實內容及其相關證據等資料，向行為人於行為發生時所屬學校的學生事務處或訓導處申請調查。但學校之首長為加害人時，應向學校所屬主管機關申請調查。如以言詞申請調查或檢舉時，學校應作成紀錄，經向申請人或檢舉人朗讀或使閱覽，確認其內容無誤後，由其簽名或蓋章。

學生事務處或訓導處於收件後，應指派專人處理相關行政事宜，學校相關單位並應配合協助，且應即向所屬主管或上級機關（如教育局）通報，並應依「性侵害犯罪防治法」、「兒童及少年福利法」、「身心障礙者保護法」、「家庭暴力防治法」、「兒童及少年性交易防制條例」、「性騷擾防治法」等相關法律規定通報相關主管機關（如社會局、家庭暴力防治中心、性侵害防治中心、性

騷擾防治委員會等)。通報後，應於三個工作日內將該事件交由學校所設之「性別平等教育委員會」調查處理。

如申請或檢舉事件，不屬於校園性騷擾或性侵害事件，或申請人、檢舉人未具真實姓名，或同一事件已處理完畢者，性別教育平等委員會應於接獲申請或檢舉後二十日內，以書面敘明理由通知申請人或檢舉人不受理，並同時告知申請人或檢舉人申復之期限及受理單位。申請人或檢舉人於前項之期限內未收到通知或接獲不受理通知之次日起二十日內，得以書面具明理由，向學校或主管機關提出申復(但申復以一次為限)。學校或主管機關接獲申復後，應於二十日內以書面通知申復人申復結果。申復有理由者，學校或主管機關並應將申請調查或檢舉案交付性別平等教育委員會處理。

性別平等教育委員會在調查處理校園性侵害或性騷擾事件時，得成立調查小組，當事人為未成年者，接受調查時得由法定代理人陪同。行為人與被害人、檢舉人或證人有權力不對等之情形者，應避免其對質。必要時，得於不違反保密義務之範圍內另作成書面資料，交由行為人閱覽或告以要旨。而即便申請人撤回申請調查時，學校或主管機關仍得繼續調查處理。又調查時應秉持客觀、公正、專業之原則，給予雙方當事人充分陳述意見及答辯之機會，但應避免重複詢問。當事人及檢舉人、證人之姓名或其他足以辨識身分之資料，除有調查之必要或基於公共安全之考量者外，應予保密，記載有當事人、檢舉人、證人姓名之原始文書應予封存，不得供閱覽或提供予偵查、審判機關以外之人。除

原始文書外，調查處理校園性侵害或性騷擾事件人員對外所另行製作之文書，應將當事人、檢舉人、證人之真實姓名及其他足以辨識身分之資料刪除，並以代號為之。

於調查處理校園性侵害或性騷擾事件期間，得採取必要之處置，以保障當事人之受教權或工作權，如彈性處理當事人之出缺勤紀錄或成績考核，並積極協助其課業或職務、尊重被害人之意願、減低當事人雙方互動之機會、採取必要處置，以避免報復情事、減低行為人再度加害之可能。並應告知被害人或其法定代理人其得主張之權益及各種救濟途徑，或視當事人之身心狀況，轉介至相關機構處理，必要時，應提供心理諮商輔導、法律諮詢管道、課業協助、經濟協助及其他必要之協助，且性別平等教育委員會之調查處理，不受該事件司法程序是否進行及處理結果之影響，也不因行為人喪失原身分而中止。

性別平等教育委員會調查完成後,應將調查報告及處理建議，以書面向所屬學校提出調查報告，如建議之懲處涉及改變加害人身分時，應給予加害人書面陳述意見之機會。學校接獲調查報告後如發現調查程序有重大瑕疵或有足以影響原調查認定之新事實、新證據時，得要求性別平等教育委員會重新調查，性別平等教育委員會於接獲學校重新調查之要求時，應另組調查小組進行調查。

如性別平等教育委員會調查屬實，認定確有校園性侵害、性騷擾事件之發生，學校應於接獲調查報告後二個月內，自行依相關法律規定對加害人做出懲處，若依法其他機關有懲處權限時，

學校應將該事件移送其他權責機關懲處。如情節重大者，學校或其他權責機關除依相關法律懲處外，並得命加害人向被害人道歉（但須經被害人或其法定代理人之同意）、接受八小時之性別平等教育相關課程、接受心理輔導或其他符合教育目的之措施。如情節輕微者，學校得僅為上開措施，不另懲處。但如經證實有誣告之事實者，並應依法對申請人為適當之懲處。

學校應將決定之處理結果，以書面通知申請人及行為人，並應告知申復之期限及受理單位。申請人及相對人對學校之處理結果不服者，得於收到書面通知次日起二十日內，以書面具明理由向學校申復。學校接獲申復後，應於二十日內以書面通知申復人申復結果。如仍對申復之結果不服，得於接獲書面通知書之次日起三十日內，依「教師法」、「公務人員保障法」、「兩性工作平等法」等相關規定依行政程序提出救濟。

而學校或主管機關調查校園性侵害或性騷擾事件過程中，得視情況就相關事項、處理方式及原則予以說明，並得於事件處理完成後，經被害人或其法定代理人之同意，將事件之有無、樣態及處理方式予以公布，但不得揭露當事人之姓名或其他足以識別其身分之資料。且學校應建立校園性侵害或性騷擾事件及加害人之檔案資料，於加害人轉至其他學校就讀或服務時，主管機關及原就讀或服務之學校應於知悉後一個月內，通報加害人現就讀或服務之學校。接獲通報之學校，應對加害人實施必要之追蹤輔導，非有正當理由，並不得公布加害人之姓名或其他足以識別其身分之資料。

　　因此，案例中文萍遭到教授性騷擾，得向學校申請調查，學校受理後，應交由性別平等教育委員會調查，調查期間，學校得協助文萍另行尋找指導教授及調課等減少當事人雙方互動的機會，並視文萍的身心狀況進行心理輔導。經性別平等教育委員會調查屬實後，學校得對教授做出休職、撤職、甚至解聘等處分，學校並應將教授檔案建檔，如教授轉至其他學校服務時，學校應於知悉後一個月內，通報教授服務之學校進行追蹤，避免其他學生繼續受害。

 **參考法條**

　　性別平等教育法第二十一條至第三十五條、校園性侵害或性騷擾防治準則第九條至第十四條、第十七條至第二十五條。

12. 醫病關係之性騷擾問題

案例

　　美玉近來因月事不順到婦產科去就診，就診時一進去診間，醫師尚未詢問美玉病情即命美玉脫下內褲坐上內診臺進行內診，讓美玉感覺很不舒服，內診完後，醫師又命美玉脫去內衣，說要幫美玉進行乳房檢查，並隨即徒手觸診美玉乳房好幾分鐘，讓美玉感覺好像被性騷擾，但是礙於醫師的專業與權威，美玉敢怒不敢言，難道到婦產科去就必須這麼任人宰割嗎？

解說

　　醫師檢查身體、診斷病因，不免要碰觸病患身體，有時候因病患不瞭解醫師執行醫學檢查身體的程序，醫師亦無耐心向病患詳細說明檢查的原因，就容易讓病患有性騷擾的疑慮產生，造成醫病雙方的誤會，甚至讓很多病患因此拒絕就醫，或讓醫師為避免誤會不進行碰及病患私密部位的檢查，嚴重的話有可能因此延誤病情，並產生後續的醫療糾紛。

　　最讓病患感覺不舒服而產生性騷擾疑慮的檢查，莫過於婦產科的內診，所謂內診，是指醫師直接檢查病患外陰部、陰道等理學檢查方式，正常的內診方式，在做內診之前，醫師會先詢問病患有沒有性經驗，以判斷是否能使用擴陰器並避免處女膜受到損

傷。內診時，會請病患進入內診室，脫掉內褲坐上內診臺，因於內診臺上必須把雙腳打開，為避免尷尬，通常內診臺會有布簾將病患的視線與醫師隔開。實際進行內診時，醫師須戴上手套，視情況可能使用擴陰器、消毒液清洗陰道、塗抹藥膏、放置塞劑或以用棒子採取細胞做抹片等。如醫師必須進一步檢查骨盆腔，還會用手指觸碰來檢查子宮、卵巢是否有長腫瘤等異狀。而進行內診前，作為病患，有權利與醫師討論內診的必要性，並有拒絕內診的權利。如同意進行內診，亦有權利要求隱私，即不讓候診的其他病人或不相干的行政人員窺視診療過程，而為避免性騷擾疑慮，可以要求有女性護士在場，進行檢查時，醫師或護士如未主動解釋檢查過程，病患有發問的權利，如感覺任何不舒服，亦有權要求醫師給予解釋或停止檢查。

　　另一項容易有性騷擾疑慮的檢查，就是外科的乳房腫瘤檢查，乳房觸診是發現乳房疾病的必要檢查方式之一，要減少醫病雙方的誤會產生，通常在檢查前會先由醫師或護士解釋檢查的程序，慎重的醫師還會先給病人簽署乳房檢查同意書，進行乳房檢查時，醫師會戴上手套，並有女護士在場陪同。作為病患，在進行乳房檢查前有權要求醫師或護士解釋檢查的過程，進行檢查時可要求隱私，並要求醫師戴上手套及有女護士陪同在場。

　　因此，案例中美玉到婦產科去檢查，在醫師要求美玉直接坐上內診臺前，美玉有權與醫師先進行溝通，瞭解內診之必要性，並可拒絕進行內診，即便同意進行內診，亦有權利要求有女護士陪同在場。在進行乳房檢查前，亦有權與醫師溝通瞭解進行該項

檢查之原因，並可要求醫師必須戴上手套及要求女護士陪同在場。上開要求是合理且屬美玉應有的權利，美玉不用覺得不好意思，可儘管提出。如醫師堅持不願配合，美玉應該考慮換一家診所檢查，以免遭到性騷擾造成美玉日後不敢就醫而延誤病情。

參

性侵害篇

1. 何謂性侵害?

　　美美透過網路的「即時通」認識了小傑,在網路上聊了幾次以後,覺得很談得來,決定相約見面,這天,他們兩人相約到 KTV 唱歌,並在 KTV 裡喝了一些啤酒,喝了酒以後,小傑竟然開始對美美上下其手,不但強吻美美,甚至把手伸到美美裙子裡去摸,美美很害怕,奮力掙脫逃離現場,事後美美覺得很難過,想要報警,但是小傑只有在她身上摸來摸去,美美並沒有失身,警察會受理嗎?

　　所謂「性侵害」,依「性侵害犯罪防治法」及「刑法」的規定,除了強制「性交」以外,還包括強制「猥褻」行為,也就是說,除了違反被害人的意願,強制被害人發生性行為以外,雖未發生性行為,如有強制被害人發生足以滿足自己性慾之一切行為,仍屬構成犯罪。

　　進一步說明,所謂「性交」,一般觀念認為必須是男、女性器官接觸,並以插入為標準,但於民國八十八年「刑法」修正後,已修正上開觀念,認為性交不限於男女(包含同性之間),且不限於性器之接合,凡以性器進入他人性器、肛門或口腔之行為,以

及以性器以外之其他身體部位或器物進入他人性器或肛門之行為，均屬所謂之性交。因此舉凡性器之接合、口交、肛交、甚至以器物進入他人性器或肛門等行為，均屬所謂之性交。而所謂「猥褻」，係指性交以外，該行為在客觀上足以誘起他人性慾，在主觀上足以滿足自己性慾之行為。因此，舉凡撫摸他人乳房、下體、裸露下體等足以引起性慾之行為，均屬所謂之猥褻。

因此，案例中，小傑違反美美的意願，強行撫摸美美下體的行為，已經構成「刑法」的強制猥褻罪，依法可處六個月以上、五年以下的有期徒刑，美美當可報警處理。

 **參考法條**

性侵害犯罪防治法第二條、刑法第十條、第二百二十四條。

2. 何謂性侵害犯罪？

案例

　　大華是剛從師大畢業，甫到國中就職的體育老師，因為年輕帥氣，常獲得不少女學生的青睞，在大華教授的國二班級裡，有一位女學生秀秀長得非常清秀，時常藉故親近大華，雙方因此日久生情，甚至以老公、老婆相稱，在一次相約出遊的機會裡，雙方情不自禁的發生性關係，事後秀秀把這件事情記錄在日記裡，沒想到不小心讓秀秀的爸爸看到了這篇日記，秀秀的爸爸盛怒之下，堅持要對大華提出告訴，警察也通知大華去作筆錄，可是大華不懂，他與秀秀是真心相愛，也是在秀秀心甘情願下發生關係，這樣有構成犯罪嗎？

解說

　　所謂「性侵害犯罪」，依「性侵害犯罪防治法」規定，包含「刑法」上的下列犯罪：

一、強制性交罪

　　即對於男女以強暴、脅迫、恐嚇、催眠術或其他違反其意願之方法而為性交者，依法可處三年以上十年以下有期徒刑。

二、加重強制性交罪

即犯上開強制性交罪並有以下情形之一者，應處無期徒刑或七年以上有期徒刑：1.二人以上共同犯之者（即俗稱之輪姦）。2.對十四歲以下之男女犯之者。3.對心神喪失、精神耗弱或身心障礙之人犯之者。4.以藥劑犯之者。5.對被害人施以凌虐者。6.利用駕駛供公眾或不特定人運輸之交通工具之機會犯之者（如計程車之狼）。7.侵入住宅或有人居住之建築物、船艦或隱匿其內犯之者。8.攜帶兇器犯之者。

三、強制猥褻罪

對於男女以強暴、脅迫、恐嚇、催眠術或其他違反其意願之方法，而為猥褻之行為者，處六月以上五年以下有期徒刑。

四、加重強制猥褻罪

即犯強制猥褻罪而有前述 1～8 種應加重處罰之情形者，處三年以上十年以下有期徒刑。

五、趁機性交、猥褻罪

即對於男女利用其心神喪失、精神耗弱、身心障礙或其他相似之情形，不能或不知抗拒而為性交者，處三年以上十年以下有期徒刑，而為猥褻之行為者，處六月以上五年以下有期徒刑。

六、犯強制性交、猥褻因而致被害人死亡或重傷罪

即犯上開強制性交、加重強制性交、強制猥褻、加重強制猥褻、趁機性交、猥褻等罪，因而致被害人於死者，處無期徒刑或十年以上有期徒刑；致重傷者，處十年以上有期徒刑。因而致被害人羞忿自殺或意圖自殺而致重傷者，處十年以上有期徒刑。

七、犯強制性交、猥褻故意致被害人死亡或重傷罪

即犯上開強制性交、加重強制性交、強制猥褻、加重強制猥褻、趁機性交、猥褻等罪，而故意殺害被害人者，處死刑或無期徒刑；使被害人受重傷者，處無期徒刑或十年以上有期徒刑。

八、準強制性交與準強制猥褻罪

即對於未滿十四歲之男女為性交者，處三年以上十年以下有期徒刑。對於未滿十四歲之男女為猥褻之行為者，處六個月以上五年以下有期徒刑。對於十四歲以上未滿十六歲之男女為性交者，處七年以下有期徒刑。對於十四歲以上未滿十六歲之男女為猥褻之行為者，處三年以下有期徒刑。

九、利用權勢機會性交或猥褻罪

即對於因親屬、監護、教養、教育、訓練、救濟、醫療、公務、業務或其他相類關係受自己監督、扶助、照護之人，利用權勢或機會為性交者，處六個月以上五年以下有期徒刑。為猥褻之

行為者，處三年以下有期徒刑。

十、詐術性交罪

即以詐術使男女誤信為自己配偶，而聽從其為性交者，處三年以上十年以下有期徒刑。

十一、強盜強制性交罪

犯強盜罪而強制性交者，處死刑、無期徒刑或十年以上有期徒刑。

十二、海盜強制性交罪

未受交戰國之允准或不屬於各國之海軍，而駕駛船艦，意圖施強暴脅迫於他船或他船之人或物者，為海盜罪，犯海盜罪而強制性交者，處死刑。

十三、擄人勒贖強制性交罪

意圖勒贖而擄人並強制性交者，處死刑、無期徒刑或十二年以上有期徒刑。

因此，案例中，大華與秀秀雖然是在兩情相悅的情況下發生性行為，大華並無強暴或脅迫，但是因為秀秀年僅十三歲，法律上認為未滿十六歲之人因智力及發育並不完全，並無同意性行為之能力，因此，大華對於未滿十四歲之男女為性交，構成上述的準強制性交罪，依法可處三年以上十年以下有期徒刑，大華想要

把這件事情的傷害降到最低，就必須盡快與秀秀的家長達成和解，向法院爭取緩刑之機會。

 參考法條

性侵害犯罪防治法第二條、刑法第二百二十一條至第二百二十七條、第二百二十八條、第二百二十九條、第三百三十二條、第三百三十四條、第三百四十八條。

3. 常見性侵害發生的情況有哪些? 應如何預防?

案例

　　就讀高二的蓓蓓,正是愛漂亮的年紀,時常穿著漂亮的短裙、露背裝與朋友出遊,這天晚飯後蓓蓓和爸媽一起在客廳看電視,新聞正在報導有女性不幸遭逢性侵害的消息,媽媽趁機告訴蓓蓓,會發生這種事情,通常都是女生穿著太暴露才會引起,並訓斥蓓蓓穿著要保守一點,蓓蓓不解,性侵害的發生和女性的穿著有關係嗎? 要如何防範性侵害的發生呢?

解說

　　性侵害發生的情況,大致可分為「突襲強暴」與「熟識強暴」兩種。突襲強暴,是指遭逢陌生的歹徒挾持,並以武器或迷藥脅迫被害人就範,但是根據統計,突襲強暴僅占所有強暴案件的百分之三十,其餘百分之七十,都是發生在熟識的人之間,也就是熟識強暴,常見的情況有: (1)約會強暴,通常發生在交往不久的男女朋友之間,加害人於共同出遊時趁機強暴他人; (2)長輩對兒童的性侵害,也就是俗稱的亂倫,加害人利用兒童的無力抗拒及服從心理加以侵害,事後並以哄騙或恐嚇等手段阻止兒童張揚; (3)利用權勢強暴,利用上對於下的權勢關係,例如上司對於下屬、教授對於學生,加害人利用職權上的監督關係,脅迫被害人就範。

　　防範突襲強暴，平常可注意下列幾點，以減少遇到襲擊的機會：

一、選擇安全的途徑出入

　　避免單獨行走於偏僻無人或黑暗的小路，此外，大樓的電梯、頂樓、公廁、停車場、公園、廢棄空屋等，均屬危險的地點，容易窩藏犯罪，盡量避免單獨出入該等場所。

二、提高警覺心

　　無論在任何場合，應隨時保持警覺心，因為歹徒常常假借問路、假車禍等方式，利用被害人的同情心來犯罪，平時在每天必經的路線，亦應模擬如遇襲擊時該如何應變、逃脫，以備遇到襲擊時能冷靜的反應。發現被跟蹤時，應走向燈光較亮、較熱鬧的地點，向鄰近的警察機關或商家求助，緊急時可踢打路邊之車輛讓警報器大響嚇走歹徒或引人幫忙。

三、與家人朋友保持聯繫

　　隨時讓家人或朋友知道你在哪裡，可隨時打電話告知家人朋友你身在何處，何時返家等。

四、攜帶防身器具

　　可隨身攜帶如警報器、噴霧、甚至電擊棒等防狼器具，平時也可學習自衛術等防狼技巧。

五、注意搭車安全

不要輕易的搭陌生人的便車，搭乘計程車時，應選擇安全的車行或利用電話叫車服務，並謹慎核對車號再上車，盡量不搭乘裝有深色隔熱紙、視線不明或車號不明的車輛。上車後應記住車號及司機姓名，如發現司機有不正常的言行、行進路線可疑時，應盡早下車。

熟識強暴，根據臺北市政府警察局婦幼警察隊統計分析的結果，熟識朋友間發生性侵害的情況，常見的有：⑴網友以邀約出遊為由，誘騙被害人至其住處或賓館，予以暴力脅迫，進而性侵害。⑵利用網路交友方式，邀約被害人於 KTV、MTV 見面後，將被害人灌醉或提供禁藥（如 FM2）誘騙被害人使用後，予以性侵害。⑶假借幫被害人修理電腦為由，至被害人住處，予以性侵害。⑷利用被害人上廁所或離開座位時，在被害人飲料裡下迷藥，趁其昏迷之際，將被害人帶至賓館或其住處，加以性侵害。⑸以觀賞夜景為由，將被害人帶至郊外僻靜處，加以性侵害。⑹假借幫被害人介紹工作、提供偶像明星照片等為由，誘騙被害人外出，予以性侵害。

防範熟識強暴，應注意以下事項：

㈠赴約前，對於約會之對象應有基本之瞭解，並慎選約會時間（不要約在太早或太晚）及約會地點，盡量約在人潮較多的地點，避免二人單獨前往 KTV、MTV 及幽僻的公園、河堤等處，更不要單獨前往對方住處，且赴約前應將約會對象、時間、地點

告訴家人或朋友，最好有人陪同。

㈡約會時，盡量不要喝酒，也不要任意飲用不明食物或飲料，中途離開座位後，不要再飲用桌面剩餘的飲料。

㈢男女朋友交往，要明確表達意思，當不想與對方發生性關係時，就應該明確的說「不」，當對方仍不尊重你的意思時，應立即下定決心離開。

至於防範長輩對兒童的性侵害，負責照顧兒童的父母及師長平常即應加強教育兒童防範性侵害的常識，讓兒童知道自己的身體自主權及有權利說「不！」，拒絕不喜歡的親近及身體碰觸，並應注意兒童是否有反常的言行。另利用權勢強暴之防範，平常即應注意避免與上司單獨相處於求救不易之場所，外出應酬時應盡量避免飲酒或喝來路不明的飲料，一旦發現上司伸出狼爪，即應盡力反抗，並勇於向所屬單位提出檢舉，以避免後續遭受更嚴重的侵害。

因此，案例中蓓蓓的媽媽所說的話，固然不是全部沒有道理，因為在遭逢陌生人突襲強暴的情況下，被害人的穿著有可能是引起歹徒行兇的原因之一，但是也有很多歹徒是隨機挑選對象，即便穿著保守，也無法完全避免性侵害的發生，更何況有很多性侵害是發生在熟識的人身上，蓓蓓平常應該多吸收一點此類的常識，做好保護自己的準備。

4. 面對性侵害時應如何處理?

●案例

十九歲的琪琪，一直夢想進入演藝圈發展，某天在西門町逛街時，有一名男子上前搭訕，告訴琪琪他是一名星探，覺得琪琪很有潛力，加以塑造將來一定可以媲美蔡依林。星探說如果琪琪有興趣，他的公司就在附近，琪琪可以先到公司去拍一組宣傳照，再洽談後續事宜，琪琪覺得這是千載難逢的好機會，隨著星探到附近大樓裡的一個工作室去，進去以後，星探將門反鎖，開始對琪琪伸出了魔掌，琪琪該怎麼辦?

解說

一旦遭逢歹徒襲擊，切記以下幾點處理原則:

一、保持冷靜，設法逃脫

切記勿慌亂，可利用深呼吸之方式，保持冷靜的頭腦，運用智慧，集中注意力，想想有什麼方式可以逃離、四周是否有人可求救。如在戶外，可以突然跑開使歹徒措手不及，朝著燈光明亮、有人的地方盡全力跑去。如在車上，想辦法下車，如果不能下車，就按喇叭，引起他人注意。一發現情況不對，應先以手機撥打 112 求救。

二、與歹徒溝通，降低歹徒警戒心

如一時無法逃脫，應盡量採取低姿態和歹徒周旋拖延時間，可以站在為他著想的角度和他談判，懇求他拿錢趕快離開、或給他錢讓他去嫖妓，可避免他觸犯法律等等，如仍無法打消歹徒侵犯的念頭，亦可表示先做朋友，或願意和他發生關係，但要在舒適的旅館，或表示要上廁所、先洗澡等理由更換場所，再伺機求救或逃脫，抑或表示自己正值生理期或染有性病、AIDS 等理由讓歹徒倒胃口，甚至可直接尿濕或大便在褲子上，讓歹徒性致全消。

三、環顧四周狀況，牢記歹徒特徵

遭受襲擊時應先環顧、瞭解四周狀況，除找出逃脫之機會、注意是否有人接近，可大聲呼救外，甚至有機會以電話求救時才有辦法指出自己所在地點。又應嘗試找出歹徒的弱點：如近視、情緒不集中等，並牢記歹徒的特徵，可利用歹徒的弱點反擊脫身，將來報警時，亦有助警方追捕歹徒。

四、評估防衛能力，奮力反擊

如有防衛能力時，應奮力反擊後趁機逃脫，如決定攻擊歹徒，必須在最短的時間內奮力一擊，並趕緊逃離現場，此時，可利用隨身攜帶的電擊棒、防狼噴霧、雨傘、皮包、高跟鞋、原子筆、金屬髮夾等尖銳物品，或撿拾身旁的木棍、石頭、磚頭、沙子等物品，甚至利用自己的手指（戳歹徒眼睛）、指甲（抓擊歹徒臉部、

喉嚨）、手肘（重擊歹徒胸、腹部）、膝蓋（撞擊歹徒鼠蹊部）等
部位，在最短時間內攻擊歹徒的要害，如眼、耳、鼻、下巴、印
堂、太陽穴、下體等脆弱的部位，奮力一擊後，迅速逃跑。但採
取反擊之前，應先評估是否有反擊能力（如歹徒持有武器時，則
不建議），否則激怒歹徒，後果可能適得其反。

五、大聲呼救

如發現附近有人，可大聲呼救，呼救時以喊「失火」、「救命」
等語句比「非禮」更容易引人注意。且必須「大聲」、「重複」呼
救，越大聲越容易讓人聽到，且報案的路人也是聽到幾次的呼救
聲後，才確定有必要報案，警察營救時也必須聽到呼救聲，才知
道被害人在哪裡。

六、保護生命

如果真的無法改變情勢而受害，也不要為此自責或懷疑自己，
因為在此種情境下，最重要的是要保護自己的生命。受害之後，
應懇求歹徒讓你離開現場，把可能的傷害盡量減少，事後並留下
所有的證據，將壞人定罪，減少他人再繼續受害的機會。

因此，案例中琪琪不幸遭到假星探誘騙到工作室襲擊，應注
意先與歹徒溝通，降低歹徒的警戒心，再想辦法逃脫、求救。如
果不幸遇害，亦應以保住生命為最主要的考量，待脫困後再將歹
徒繩之以法。

5. 性侵害發生後，應如何處理？

案例

琪琪雖然奮力抵抗，可是還是不敵假星探的力氣，被假星探性侵害得逞。事後，琪琪頓時覺得人生無望，心裡非常的難過，身體更遭受多處瘀傷，身心俱創的琪琪不知道，接下來她該怎麼做？

解說

性侵害發生後，可能造成被害人瘀青、擦傷、挫傷、刀傷等，甚至可能導致懷孕或感染性病，此外，被害人還需面對心理的創傷。因此如果不幸遭逢性侵害，被害人應相信自己並沒有犯錯，錯的是對方，可先找親人、朋友或老師陪伴，或向社會福利機構求助，或撥婦幼保護專線「113」與性侵害防治中心聯繫。此外，很多人往往擔心會遭他人看不起或怕二度傷害而躊躇不前，甚至不去報案。然而，報案不但可以減少其他婦女受害的機會，也是保障自己免於被加害人再度傷害的方法，長久以來，警檢單位及法院審理性侵害案件的輕忽態度一直受到強烈的批評，但在「性侵害犯罪防治法」等相關法律及施行細則、處理準則頒布後，受害人可以要求相關單位依規定辦理，以降低二度傷害的機會，因此，遭受性侵害後被害人應相信自己，勇敢站起來，並注意以下

幾點：

㈠保持現場：不要移動或接觸任何現場器物，以利警方採證與蒐證線索。

㈡記錄歹徒特徵：記住歹徒的人、車特徵，以正確地描述觀察到的重點線索。人的特徵包括髮型、臉部特徵、口音、身高、體型、身體特徵、年齡、衣著等。車的特徵包括顏色、年份、款式、車牌號碼、特別的裝飾、車斑痕跡、逃逸方向、逃逸方式等。

㈢切勿沐浴更衣：切勿在事情發生後即沐浴淋身、更換衣物或毀壞身上的衣物，因如此作法會毀滅了證物，而使得兇嫌逍遙法外，應先找一件外套裹身。

㈣立即報警處理。

㈤配合到醫院接受診療、驗傷。

因此，案例中琪琪不幸遭到性侵害，為保護琪琪的身體健康，並協助警方追捕歹徒，將歹徒繩之以法，避免更多婦女受害，琪琪應該不要更動或破壞案發現場，先找東西裹身，並到一個安全的地方，找到親友的陪伴，仔細回想記錄下來歹徒的特徵，立即報警處理，並配合到醫院去驗傷。

6. 警察機關詢問性侵害案件被害人原則

●案例

琪琪遭到性侵害,為了將歹徒繩之以法,琪琪想到警察局去報案,但是琪琪從來沒有去過警察局,不知道警察會不會很兇?會問琪琪哪些問題呢?

解說

「性侵害犯罪防治法」實施以後,處理性侵害事件,警察機關會指定受過專業訓練的警察人員竭盡所能的幫助被害人,甚至會由女警陪同製作筆錄,讓被害人可以自在的陳述被害經過。如果被害人有沮喪、無助、害怕、焦慮、痛苦等感覺,這些是強暴創傷症候群的症狀,在實務上發現許多人都有相同的情形,警察會協助轉介給性侵害防治中心的社工人員幫助被害人,也會徵求被害人的同意,陪同被害人至醫院詳細檢查、驗傷並蒐集相關證物。

依照法律的規定,被害人在製作筆錄的過程中,若未滿十八歲,直轄市、縣(市)政府將指派社工人員陪同在場,若已滿十八歲,也可以向直轄市、縣(市)政府申請社工人員陪同,直轄市、縣(市)政府不會拒絕申請。若被害人是兒童、身心障礙者或因性侵害事件致身心受到重大影響者,警察會洽請性侵害防治

中心酌予協助安排精神科醫師、心理師或其他的專業人員（例如：手語翻譯人員）提供協助，幫助被害人可以順利地陳述事實經過。

製作筆錄時，警方會提供隱密的空間，避免不必要的干擾，也會等被害人有充分的心理準備再進行偵訊筆錄。若在製作筆錄的過程當中，遇到重大原因而無法繼續進行完成筆錄，警察將會與被害人討論適當時機再進行偵訊。如果被害人是在傍晚或夜間報案，為保全證據，會請被害人先行驗傷採證，並與被害人討論適當時機進行偵訊筆錄。但是若被害人覺得需要馬上進行製作筆錄，警察也會尊重被害人的意見。在製作筆錄過程中，被害人可以請法定代理人（假如被害人尚未成年而且未婚，父母就是法定代理人）、配偶、直系或三親等內旁系血親（例如：兄弟姊妹、伯父、叔叔、姑姑、阿姨、舅舅、姪子、外甥、外甥女等）、家長、家屬（即共同居住的人）、醫師、心理師、輔導人員或社工人員陪同在場及陳述意見。

將來如果需要和加害人對質或指認時，警方也會採取相當的保護措施，確保被害人的隱私及安全。在案件調查過程中，警方不會對外透漏任何案情，被害人的身分、個人資料以及在調查過程中製作的各類文書，亦會嚴加保密，絕對不會曝光，請勿顧慮。如果被害人需要接受心理治療、輔導、安置、法律扶助或緊急診療時，警方也可以幫被害人聯絡性侵害防治中心請求協助。如果被害人想起更多的線索，可以隨時再與承辦人聯繫。

但若被害的情形是夫妻間之強制性交或猥褻，或未滿十八歲之人與未滿十六歲之人合意性交或猥褻,則因屬於告訴乃論案件,

被害人必須在六個月內決定要不要對加害人提出告訴，如不於六個月內提出告訴就喪失了告訴的權利。

而依規定性侵害案件警察機關詢問的問題及程序大致如下：

一、詢（訊）問前準備

詢（訊）問被害人姓名、住所、出生年月日，為保護性侵害案件被害人個人資料不致洩漏，有關被害人人別資料確認應於啟動錄影前為之，並記錄於被害人姓名對照表密封附卷。

二、啟動錄音、錄影

應宣告詢（訊）問案由、日期、時間（時、分）及地點，完成時亦應告知結束時間（時、分）後停錄，其間始末連續錄音、錄影，影帶應注意完整、清晰。

三、詢問被害人資料

㈠年齡：應請被害人說明現年幾歲，以明瞭被害人計算年齡之方式，如以虛歲或足歲方式計算。瞭解被害人對時間、地點之認知邏輯。

㈡就學情況：被害人若係兒童，應詢問被害人現有無就學，唸何學校？現幾年級？上學期或下學期？如係唸幼稚園，係何班（大、中、小班）？及瞭解兒童對於重要節日是否有所認識（如生日、過年、母親節……等），以明瞭孩子對於時間之理解能力。

㈢智能態度：被害人若係智能障礙者，得詢問被害人現在有

無就學或就業？瞭解其對於重要節日是否有所認識（如生日、過年、母親節……等），以瞭解被害人對於時間之理解能力。

四、詢問被害經過

掌握人、事、時、地、物。若係連續遭受性侵害案件，應特別釐清第一次與最後一次被害情形。

㈠強制性交或猥褻罪，應詢問之問題如下：

1. 請你告訴我，你遭受侵害的經過？【請被害人始末連續陳述，再就細節部分釐清】【若係連續遭受性侵害案件，應特別釐清第一次與最後一次被害情形】。

2. 被害人與加害人間是否具有特殊關係？【應釐清是否為配偶關係，若係配偶，則須詢問被害人是否提出告訴】。

3. 請告訴我，你遭受侵害的確切日期？【若被害人係未滿十六歲之人，尤應釐清被害人遭受（第一次）侵害時是否已滿十二歲？（涉及是否應依「兒童及少年福利法」加重處罰之問題）是否已滿十五歲？（應釐清是否係對十四歲以下男女犯之而應加重處罰）】。

4. 請告訴我，你遭受侵害的地點？【應釐清被告是否侵入住宅或有人居住之建築物、船艦或隱匿其內犯之而應加重處罰】。

5. 你是如何到達受害地點？【應釐清被告是否有利用駕駛供公眾、或不特定人運輸之交通工具之機會犯之而應加重處罰、或被告有無以非法方式，剝奪被害人行動自由，將被害人帶至被害地點另犯剝奪行動自由罪】。

6. 共有幾名加害人？他們如何侵害你，是否均有性交或猥褻行為？【應釐清是否二人以上共同犯之而應加重處罰】。

7. 加害人是否有使用任何違反你的意願的方法，來為性交或猥褻行為？【應釐清被告是否有使用強暴、脅迫、恐嚇或其他違反被害人意願之方法，使被害人就範。尤應注意的是，被告若僅係單純使用藥劑，而未另有強暴、脅迫、恐嚇等方法，應只單純論以強制性交、猥褻罪；若被告係使用強暴、脅迫、恐嚇等方法迫使被害人服用藥物，則應論以加重強制性交、猥褻罪】。

8. 你被害時之精神狀況？【應釐清被害人是否有心神喪失、精神耗弱、身心障礙之情況而應加重處罰】。

9. 加害人除對你使用強暴、脅迫、恐嚇等方法外，是否另有對你施以凌虐？【如有施以凌虐應加重處罰】。

10. 加害人有無攜帶凶器？攜帶何種凶器？有無使用該凶器？【攜帶凶器應加重處罰】。

11. 加害人是以何種方式實施性交？【應釐清加害人之性器有無進入被害人性器、肛門或口腔？或以身體其他部位進入？或以異物進入被害人之性器或肛門？以確認是否有性交行為】。

12. 加害人如何猥褻你？【如撫摸被害人身體何部位等】。

13. 加害人若係男性，則加害人有無射精？射在何處？【以供採證】。

14. 你是否受有重傷？加害人如何使你重傷，係因強制性交（猥

褻）致你受重傷？或係因而致你羞忿自殺而受重傷？或係
強制性交（猥褻）你後，再故意使你受重傷？

15.遭受侵害時，有無其他人在場目睹？

16.加害人有無再施以強暴、脅迫、恐嚇或其他違反你意願之
方法拿取你的財物？是在性交前拿取？或係在性交後拿取？

17.你是如何離開犯罪現場？或係如何脫離控制？

18.是否記得加害人身上有何特徵？

19.加害人有無使用保險套？你曾否以衛生紙擦拭下體？有無
保留上開之物及是日所穿之內衣褲、床單、棉被等物？【應
請警察人員返回犯罪現場蒐證】。

20.被害後，是否曾告知家人或友人？或曾寫下日記等？

21.有無曾前往醫院驗傷、採證？

22.你還有什麼事情想要告訴我們？或者還有什麼證據可以提
供給我們調查？

（二）趁機性交或猥褻罪，應詢問之問題如下：

1.請你告訴我，你遭受侵害的經過？【請被害人就被害始末連
續陳述，再就細節部分釐清】。

2.請告訴我，你遭受侵害的日期？

3.請告訴我，你遭受侵害的地點？你是如何到達該地點？

4.共有幾名加害人？他們如何侵害你，是否均有性交或猥褻
行為？

5.加害人與你性交（或對你猥褻）時，你的精神狀況如何？
【應釐清被害人有無心神喪失、精神耗弱、身心障礙或其

他相類情形】。

6. 加害人與你性交（或對你猥褻）時，你有無抗拒？若無，原因何在？【應釐清被害人是否係不知或不能抗拒】。

7. 加害人是以何種方式實施性交？【應釐清加害人之性器有無進入被害人性器、肛門或口腔？或以身體其他部位進入？或以異物進入被害人之性器或肛門？】。

8. 加害人如何猥褻被害人？【如撫摸被害人身體何部位等】。

9. 加害人若係男性，則加害人有無射精？射在何處？【以供採證】。

10. 你是否受有重傷？加害人如何使被害人受重傷，係因強制性交（猥褻）致被害人受重傷？或係因而致被害人羞忿自殺而受重傷？或係強制性交（猥褻）被害人後，故意使被害人受重傷？

11. 遭受侵害時，有無其他人在場目睹？

12. 被害人是如何離開犯罪現場？

13. 是否記得加害人身上有何特徵？

14. 加害人有無使用保險套？你曾否以衛生紙擦拭下體？有無保留上開之物及是日所穿之內衣褲、床單、棉被等物？【應請警察人員返回犯罪現場蒐證】。

15. 被害後，是否曾告知家人或友人？或曾寫下日記等？

16. 有無曾前往醫院驗傷、採證？

17. 你還有什麼事情想告訴我們？或者還有什麼證據可以提供給我們調查？

㈢權勢性交或猥褻罪，應詢問之問題如下：

1. 請你告訴我，你遭受侵害的經過？【請被害人就被害始末連續陳述，再就細節部分釐清】【若係連續遭受性侵害案件，應特別釐清第一次與最後一次被害情形】。

2. 請告訴我，你與加害人間存在著何種關係？【應釐清被害人與加害人間是否有親屬、監護、教養、教育、訓練、救濟、醫療、公務、業務或其他相類關係】。

3. 請告訴我，你第一次遭受侵害的日期？地點？

4. 請告訴我，是在什麼情狀下與加害人為性交或猥褻行為？【應釐清加害人是否利用權勢或機會，而與被害人性交或猥褻被害人】。

5. 請告訴我，你最後一次遭受侵害的日期？地點？

6. 加害人是以何種方式實施性交？【應釐清加害人之性器有無進入被害人性器、肛門或口腔？或以身體其他部位進入？或以異物進入被害人之性器或肛門？】。

7. 加害人如何猥褻被害人？【如撫摸被害人身體何部位等】。

8. 加害人若係男性，則加害人有無射精？射在何處？【以供採證】。

9. 遭受侵害時，有無其他人在場目睹？

10. 是否記得加害人身上有何特徵？

11. 加害人有無使用保險套？被害人曾否以衛生紙擦拭下體？有無保留上開之物及是日所穿之內衣褲、床單、棉被等物？【應請警察人員返回犯罪現場蒐證】。

12.被害後，是否曾告知家人或友人？或曾寫下日記等？

13.有無曾前往醫院驗傷、採證？

14.你還有什麼事情想要告訴我們？或者還有什麼證據可以提供給我們調查？

(四)另亂倫案件，應於適當時機參酌詢（訊）問以下問題：

 1.家中成員有無同住一處，或家中尚有其他外人一同居住，自何時起一同居住？

 2.你與何人同住一房？

 3.被害後，曾否告知其他家人？若無，為什麼？

 4.加害人約隔幾天會與你性交？或在何情況下會與你性交？

  （如酒後、母親不在、與母親吵架等）

　　因此，案例中，琪琪到警察局去報警時無須擔心，只要向警察表明是遭逢性侵害，警察會依上開原則及流程製作筆錄，琪琪也可以要求由親人或社工人員陪同到場製作筆錄，無須害怕，只要依照警察所問的問題依序回答即可。

 **參考法條**

　　性侵害案件減少被害人重複陳述作業詢（訊）問被害人須知第一點至第四點。

7. 性侵害事件醫療院所之作業準則

案例

　　琪琪遭逢歹徒性侵害，報案後警方要求琪琪必須配合到醫院去驗傷，琪琪之前沒有過性經驗，也沒有看過婦產科，她很害怕到醫院去，更擔心醫生和護士會用異樣的眼光來看她。琪琪該怎麼辦？

解說

　　遭遇性侵害事件須到醫療院所去驗傷，除了一方面要蒐集犯罪證據，採集加害人遺留在被害人身上的精液或毛髮加以鑑定，藉以抓到加害人，將加害人繩之以法之外，另一方面，到醫院驗傷也是對被害人本身的一種保護措施，因為藉由醫師的診治，可避免或減少被害人被傳染性病或懷孕的機會，此外醫師也可以評估被害人是否有進一步接受心理治療之必要，讓被害人身心能夠盡速復原，因此，到醫院去驗傷並讓醫師診治，確實有其必要性，且係為保護自己的一種方法，被害人應該要理解並盡力配合。而「性侵害犯罪防治法」公布施行以後，行政院衛生署訂立了一連串保護被害人的措施，醫院及醫師都會盡力的保護被害人不再持續受到傷害，被害人無須擔心。

　　首先，當被害人因遭受性侵害至醫療院所診斷時，各地醫院、

診所均不能無故拒絕診療，且應將被害人當作急診驗傷分類的第一級病人，優先處理。第二，當醫院診所的設備或技術無法為被害人提供完整診療時，醫院診所應主動為被害人轉診，並且告知當地性侵害事件處理之醫療院所的名稱及地址，使被害人能接受完整的照顧。第三，當被害人在醫療院所接受診療時，醫院會有社會工作人員或護理人員陪被害人驗傷，且若被害人需要家屬陪伴時，亦可以請家屬在場協助。在驗傷採證過程當中，醫療院所會提供隱密的空間、安全及合適之就醫環境，並避免不必要的干擾。第四，對於被害人診療的結果，被害人或被害人的配偶、法定代理人(假如被害人尚未成年而且未婚，父母就是法定代理人)均可向醫院診所要求開立診斷證明書。第五，為了保護被害人的權益，醫院診所在為被害人診療當中，同時可以協助證物的採集及驗傷，以作為被害人提出告訴的證物。醫師在為被害人進行診療時，會觸及被害人較隱私的部位，如果過程中有任何的不舒服，被害人可以告訴醫療人員，醫療人員會協助處理。第六，上述證物的收集及驗傷，會經由被害人的同意，並請被害人填寫驗傷採證同意書之後才會進行驗傷採證工作，不會強迫被害人，被害人是禁治產(心神喪失或精神耗弱經法院宣告禁止管理自己事物之人)或未滿十二歲之人時，也會尋求被害人的監護人或法定代理人的同意。而採證後醫療院所會將收集到的證物保存在證物袋中，送到內政部警政署刑事警察局鑑驗，這些證物將會被嚴密保護不會外洩，而這些證物的採集對於後續進行的司法追訴更是一大助益，因此，被害人應配合醫療院所進行採集。

　　因此，案例中琪琪遭受性侵害，為了協助警方抓到該名假星探，避免更多無辜的女性受害，另一方面也為了保護自己，避免因此而感染性病或懷孕，琪琪應該要配合到醫院去驗傷，驗傷時醫療院所人員會盡全力提供隱密、安全及合適的就醫環境，雖然可能有些許的不舒服，但是不會強迫琪琪，琪琪也可以要求親屬或社工人員陪同，不必擔心害怕。

 **參考法條**

　　性侵害犯罪防治法第十條、第十一條、第十二條、性侵害事件醫療作業處理準則第二條至第七條。

8.性侵害防治中心能為被害人做些什麼?

案例

　　琪琪遭逢性侵害，向警察局報案以後，隔天接到一通電話，對方自稱是市政府性侵害防治中心的社工人員，她向琪琪問了一些有關於遭到性侵害的事情，並向琪琪表示如果有任何需要幫助的地方，可以主動與她聯繫，琪琪很生氣，警察怎麼可以把她遭到性侵害的事情告訴別人? 性侵害防治中心又是什麼單位? 能為琪琪做些什麼?

解說

　　依「性侵害犯罪防治法」規定，醫事人員、社工人員、教育人員、保育人員、警察人員、勞政人員等，在執行職務時知道有疑似性侵害犯罪的情事時，應立即於二十四小時內向當地直轄市、縣（市）主管機關通報。而直轄市、縣（市）主管機關依法應設置「性侵害防治中心」，辦理下列事項: (1)提供二十四小時電話專線服務; (2)提供被害人二十四小時緊急救援服務; (3)協助被害人就醫診療、驗傷及取得證據; (4)協助被害人心理治療、輔導、緊急安置及提供法律服務; (5)協調醫院成立專門處理性侵害事件之醫療小組; (6)加害人之追蹤輔導及身心治療; (7)推廣性侵害防治教育、訓練及宣導; (8)其他有關性侵害防治及保護事項。

　　故性侵害被害人感到痛苦、無助、害怕時，可與直轄市、縣（市）政府性侵害防治中心聯繫，防治中心會有社工人員竭誠為被害人提供以下服務：

　　㈠當被害人至醫療院所診療、驗傷及採證時，如果需要陪同，防治中心的社工人員會樂意與警察人員共同保護被害人的安全。

　　㈡當被害人到指定的醫療院所診療、驗傷及採證時，掛號費及診療驗傷等全民健保不給付費用項目，將由醫療院所向性侵害防治中心申請補助，被害人不需要付費。

　　㈢警察訊問、檢察官偵查及法官審判程序中，除了被害人委任的代理人、法定代理人、配偶、直系或三親等內旁系血親、家長、家屬以外，醫師、心理師、輔導人員或社工人員都可以陪同被害人在現場，他們也可以向法官表達意見，因此，若被害人未滿十八歲，直轄市、縣（市）政府將指派社工人員陪同在場，若被害人已滿十八歲，也可以向直轄市、縣（市）政府申請社工人員陪同，直轄市、縣（市）政府不會拒絕被害人的申請。

　　㈣當被害人想瞭解有關性侵害訴訟程序或需要請求律師協助時，性侵害防治中心將竭盡所能地提供法律服務。包括法律諮詢、協助被害人聘請專業律師等，陪被害人走過這段訴訟審判過程，並酌予補助經費。

　　㈤如果被害人因受性侵害而影響到生活，性侵害防治中心將提供緊急生活費用，並協助被害人重新建立生活。

　　㈥如果被害人需要專業心理輔導或治療，性侵害防治中心將提供心理輔導諮商團體協助被害人，並且補助必要之費用。

　　㈦被害人已在性侵害防治中心接受各項服務時，如果因遷移、調職等因素，需要繼續輔導時，可以向社工人員申請轉介至其他直轄市、縣（市）政府性侵害防治中心，他們同樣也將秉持服務熱忱，協助被害人盡早走出陰影。

　　性侵害防治中心是為了協助被害人而設立的，社工人員可以陪同琪琪到醫院驗傷、作筆錄甚至到法院去開庭，琪琪如果需要心理輔導、法律服務及相關補助等，社工人員均會盡力的幫忙，因此警察通報性侵害防治中心的社工人員，是為了幫助琪琪，琪琪可以敞開心胸將心中的感受與疑問與社工人員對談，無須排斥。

 **參考法條**

　　性侵害犯罪防治法第六條、第八條、性侵害防治中心辦理性侵害事件處理原則。

9. 性侵害事件禁止報導被害人資訊原則

案例

琪琪遭逢性侵害後，因為琪琪提供完整的歹徒特徵資料，讓警方順利抓到歹徒，並發現這名歹徒就是傳聞已久的西門町之狼，警察抓到歹徒後，新聞大肆報導，甚至有記者到琪琪家樓下守候，想訪問琪琪，琪琪心中又生氣、又羞愧，更擔心讓親戚朋友知道受害的事情會引來異樣的眼光。請問琪琪可以要求記者不要讓這件事情曝光嗎？

解說

為了保護性侵害案件的被害人，依「性侵害犯罪防治法」規定，除非經有行為能力（即年滿二十歲或未滿二十歲但已結婚，且無精神障礙）的被害人同意或犯罪偵查機關依法認為有必要者外，廣告物、出版品、廣播、電視、電子訊號、電腦網路或其他媒體，不得報導或記載被害人之姓名或其他足資識別被害人身分之資訊，如有違反，可處新臺幣六萬元以上六十萬元以下罰鍰，並得沒入該等報導之物品或採行其他必要之處置，經通知限期改正，屆期不改正者，得按次連續處罰。但如被害人死亡，經目的事業主管機關權衡社會公益，認有報導之必要者，不罰。故媒體報導應注意以下幾點：

㈠媒體報導性侵害犯罪事件，應嚴格遵守不得報導或記載性侵害事件被害人之姓名或其他足以識別被害人身分之資訊。

㈡媒體報導犯罪事件，如涉及與性侵害犯罪有關，均應隱去被害人之相關資訊，即使被害人已死亡者亦同。

媒體報導除追求新聞自由，更應尊重當事人的隱私權。（圖片來源：Shutter-Stock）

㈢所稱足以識別被害人身分之資訊包含被害人照片或影像、聲音、住址、親屬姓名及其關係、就讀學校、服務機關等詳細之個人基本資料，或其他讓人足以辨識被害人身分之資訊。

㈣連續報導同一犯罪事件，若先前報導因未涉及性侵害而有揭露被害人身分之情形，自知悉該案件為性侵害犯罪事件之後，亦應注意其後續有關被害人身分之報導，以保護被害人。

㈤性侵害犯罪事件，若被害人與加害人有親屬關係，報導該案件時應隱去加害人之相關資訊。

㈥媒體訪問第三人，應避免透露被害人身分。其直接訪問被害人，應取得被害人同意。

㈦其他有揭露性侵害犯罪被害人身分之虞者，媒體均應主動過濾，避免報導。

因此，案例中媒體欲訪問琪琪，琪琪如不願意接受採訪，當

然可以拒絕，而即便琪琪接受媒體之採訪，依上開說明，媒體於報導時必須隱藏琪琪的一切資訊，不可以公開，否則會遭到主管機關處罰，琪琪也可以要求主管機關沒入該等公開琪琪資訊報導的物品。

 **參考法條**

性侵害犯罪防治法第十條、媒體對性侵害事件之報導保護被害人之處理原則。

10. 性侵害案件被害人之指認及對質程序

案例

琪琪報案後，警方循線抓到了該名假星探，並查出假星探的名字叫做「阿漢」，他已經利用相同的手法在西門町誘騙、性侵了多名女子，警察抓到阿漢後，通知琪琪到警察局去指認，可是琪琪很害怕，不想再見到這個壞蛋，琪琪該怎麼辦呢？

解說

依據「性侵害犯罪防治法」規定，偵查、審判中對智障被害人或十六歲以下性侵害被害人之訊問或詰問，得依聲請或職權在法庭外為之，或採雙向電視系統將被害人與被告、被告律師或法官隔離。又依據「證人保護法」規定，對於依法有保密身分必要之證人，於偵查或審理中為訊問時，應以蒙面、變聲、變像、視訊傳送或其他適當隔離方式為之。因此，為了避免性侵害犯罪被害人遭受二度傷害，並加強對秘密證人之保護，目前各法院已大致完成規劃設置相關保護設施，使被害人得以在緩和的氣氛中陳述被害經過，協助法院調查性侵害犯罪，並使證人於談話中進行指認，與被告及被告律師隔離，促使秘密證人勇於作證及指認。

程序上，於警察機關製作筆錄時，通常不會安排被害人與加害人見面，僅先提供加害人口卡、照片給被害人指認，待移送檢

察官偵查及起訴至法院審理時,如有指認或與加害人對質的必要,可聲請法院與加害人及加害人所委任的律師隔離。此時,法院會安排在「指認法庭」開庭,指認法庭內設置有液晶螢幕、監視器、攝影機及麥克風等。法官、加害人、加害人委任律師等均在指認法庭內活動,至於被害人及秘密證人,則安排在另行設置的「談話室」內,由女法警及其他得陪同之人員在場陪同,談話室內亦裝設電視機及攝影機、麥克風等,開庭時法官在指認法庭內適當操作上開機器,使談話室與指認法庭之電視螢幕分別顯示單一、分割或近距離畫面,並顯現被告、被害人之神情或現場反應等不同主體畫面。法檯上之液晶螢幕係置於法官面前,背對被告及被告律師,僅法官可看見螢幕畫面,被告及被告律師均無法看見,以保護被害人或證人之身分與安全,該等設施使被害人及證人在談話室內經由雙向電視系統接受訊問及對質,毋須直接面對被告。且被害人及證人的聲音會經由變聲系統處理,在法庭中被告或其他在場之人聽到的是經過變聲處理的聲音,但錄下的聲音仍是原音。當被害人或證人指認被告時,法官可在影像顯示設備即時清楚的看見被害人或證人的表情,法官亦可戴上耳機聽到被害人或證人的原音,有助於法官的觀察判斷。調查完畢後,被害人及陪同人員係由談話室直接離開,被告則係由指認法庭退出,兩方並不會相遇。法官透過雙向電視系統將被害人與被告、被告律師隔離訊問,既能達到對質之目的,復可避免造成被害人二度傷害,使被害人能勇於面對司法。此外被害人及證人在較隱密之場所及溫馨、緩和之氣氛中陳述事實,尤有助於協助法官順利調查犯罪

及發現真實，並保障證人及被害人之身分與安全。此外，如果僅須指認加害人，無須對質的話，除了經由上開雙向電視系統外，法院也設有「單面鏡指認室」，即被害人及證人可以透過單面反光鏡看見加害人進行指認，但加害人無法看見位在另一方的被害人及證人，以保護被害人及證人可以安心的進行指認。

　　因此，警方通知琪琪到警察局去指認加害人，通常只會先提供口卡等照片給琪琪指認，並可以先跟警方確認是否不需直接面對加害人。事後在偵查與審判程序中，如果檢察官或法官傳喚琪琪出庭作證指認加害人，琪琪也可以事先跟法院聯繫，請求法院以雙向電視系統或單面鏡指認室之方式與加害人隔離，法院會尊重琪琪的意願，保護琪琪不再受到二度傷害，琪琪也要盡力配合法院調查，將加害人繩之以法。

 **參考法條**

　　性侵害犯罪防治法第十五條、證人保護法第十一條第四項、臺灣高等法院傳訊性侵害犯罪被害人及應保密身分之證人作業流程第一條至第七條。

11. 性侵害案件檢察機關偵辦的處理準則

案例

琪琪遭受性侵害，警方抓到兇手阿漢，並經琪琪指認無誤後，即將阿漢移送檢察官偵查，二個月後，琪琪接到地方法院檢察署寄來的傳票，要求琪琪到庭說明，琪琪從來沒去過法院，心裡很害怕，不知道該怎麼辦？

解說

各法院檢察署為保護性侵害案件被害人，依法應設置性侵害犯罪防治專股，並指定資深穩重、平實溫和、已婚之檢察官辦理性侵害案件，該專股的檢察官，須接受法務部指定辦理之有關性侵害防治訓練或講習，而檢察機關傳訊性侵害案件的被害人，原則上會單獨傳喚，並將被害人在刑事程序中可受到保護之事項列載附於傳票或通知書後，送達被害人，以免被害人畏懼刑事司法程序。通常，檢察機關會告知被害人以下事項：

㈠性侵害案件自民國九十年一月一日起，除夫妻間之強制性交罪、強制猥褻罪及未滿十八歲之人與未滿十六歲之人合意性交或猥褻等罪外，已全部不再適用告訴乃論之規定，也就是縱使被害人未提出告訴，檢察官或警察機關亦將極力為被害人調查及蒐集遭受性侵害之證據，即便被害人表明不願追訴，但是檢察機

關仍應依法訴追。

㈡被害人出庭應訊時，檢察官會盡可能採取隔離措施，或在偵查庭以外的處所單獨訊問，使被害人盡可能不必面對被告。

㈢檢察官在偵查案件時，被害人可委任代理人，及由法定代理人、配偶、直系或三親等內旁系血親、家長、家屬、醫師、心理師、輔導人員或社工人員陪同在場，他們亦可以向檢察官表達意見。若被害人未滿十八歲，直轄市、縣（市）政府將指派社工人員陪同在場，若被害人已滿十八歲，也可以向直轄市、縣（市）政府申請社工人員陪同，直轄市、縣（市）政府不會拒絕被害人的申請。

㈣如果有需要被害人與被告對質時，檢察官會依職權或被害人的請求採取適當保護措施，可以讓被害人從不同通道進出偵查庭，以確保被害人的安全。

㈤在檢察官偵查過程中，被害人的身分不會曝光，除非得到被害人的同意或偵查之必要，報紙、電視、雜誌及其他媒體都不可登載被害人的姓名及其他足以識別被害人身分的資訊。

㈥檢察官結案時，不會在起訴書或不起訴處分書中記載被害人的姓名、年齡、地址等事項。

㈦如果被害人的身體有傷，檢察官將會請法醫為被害人詳細驗傷；如果被害人是女性，並會有女性法警或女性書記官陪同在場。

㈧如果被害人在男性檢察官面前陳述有困難，可以請求由女性檢察官訊問。且檢察官會以懇切態度耐心訊問，並以一次訊畢為原則。

(九)在偵查程序中，如果被害人需要接受心理治療、輔導、安置、法律扶助或緊急診療時，可以向各直轄市、縣（市）政府設立的性侵害防治中心請求協助。

(十)案件經起訴於法院審理中，法院傳喚被害人出庭作證時，如果到庭直接面對被告陳述將導致被害人身心嚴重創傷時，被害人可以事先與公訴檢察官連繫，以請求適當之保護措施。

因此，案例中，琪琪接到地檢署的傳票後，可以請求由親屬或社工人員陪同去開庭，以減少緊張的情緒，而琪琪如果擔心在男性檢察官面前無法陳述，也可以事先聲請由女性檢察官訊問，而辦理性侵害案件的檢察官都是受過專業訓練的，會耐心的詢問琪琪相關的問題，也會保護琪琪不需直接面對阿漢，琪琪無須擔心，只要放鬆心情，依檢察官所詢問的問題回答即可。

 **參考法條**

檢察機關偵辦性侵害犯罪案件處理準則第二條至第十條。

12. 性侵害案件法院對於被害人的保護措施

●案例

　　性侵害琪琪的西門町之狼「阿漢」，經過檢察官偵查後，認為事證明確，向法院提起公訴，阿漢被起訴後，花錢請了律師幫他辯護，並表示琪琪是自願的，否認有性侵害的事實，律師向法院聲請傳喚琪琪到庭訊問，因此琪琪又收到地方法院刑事庭的傳票了，琪琪不懂，為什麼要一再地傳喚她出庭，她不想到法院去可以嗎？阿漢請的律師如果問她一些難堪的問題，琪琪該怎麼辦呢？

解說

　　依照我國的訴訟程序，檢察官只是代表被害人追訴犯罪，檢察官偵查後雖然認為事證明確，但檢察官也只有將被告提起公訴的權力，沒有權力判處被告徒刑，因此，刑事案件經檢察官提起公訴後，尚須經過法院的審判程序，才能讓被告定罪，並因此入獄服刑，所以案件雖然經檢察官偵查過，但是法官在審理時，如果認為有必要，還是會傳喚被害人或相關證人到庭說明。到法院去作證，也可以瞭解被告的答辯，再針對被告的抗辯來作補充說明，可預防被告脫罪，因此，為使被告能繩之以法，建議被害人應勇於出庭作證。

　　而法院審理性侵害犯罪案件，依法應預先指定專庭或專人辦

理，辦理性侵害案件的法官，應遴選資深幹練、溫和穩重、學識良好者充任，並以已婚者為優先。法院傳喚被害人，應將被害人在審判程序中可受保護之事項，列記附於傳票之後，同時送達被害人，訊問被害人時，應以懇切態度耐心為之，被告或被告所請的律師詰問被害人有關性經驗的問題，或提出被害人與他人性經驗的有關證據，法院認為不當或不必要者，應禁止之，以避免被害人受到傷害。而被害人在審判程序中有下列可受保護的重要事項：

㈠性侵害犯罪案件的審判，除非經過被害人的同意，否則都不公開，被害人可以到庭盡量陳述，不必擔心有不相干的人來旁聽。

㈡被害人的法定代理人、配偶、直系血親或三親等內旁系血親、家長、家屬或主管機關指派的工作人員，都可以陪同被害人到法院，他們亦可以向法院陳述意見。

㈢如果被害人是告訴人，想要委任別人代理出庭，法律也是容許的。不過法院認為有必要時，還是可以傳被害人本人到場，這是必須請被害人瞭解和配合的。

㈣被害人所委任的代理人如果是律師，這位代理人便有權向法院聲請檢閱卷宗和證物，也可以抄錄卷宗內的資料，或將相關資料加以影印。

㈤如果被害人是告訴人（曾向警察或檢察機關表示要追究加害人的意思），法院在命檢察官、被告、辯護人辯論前，一定會再給被害人表示意見的機會，如有任何意見，都可以直接向法院表達。假如有需要被害人和被告對質時，法官會採取適當的保護

措施，以確保被害人的安全。

㈥被害人如果有智能上的障礙或尚未逾十六歲，法院會主動考慮，或者依照被害人的聲請，在法庭外的適當地點來訊問被害人。

㈦在審判程序中，被害人如果需要心理輔導、緊急安置或法律扶助時，可以向當地縣（市）政府的性侵害防治中心請求協助。

㈧任何必須公示的司法文書（例如判決書）都不會直接把被害人的名字寫上去，也不會寫出讓別人可以判斷是在提到被害人的資料，這是法律上給被害人的保障，請勿顧慮。

　　因此，案例中法院再次傳喚琪琪到庭，為了可以將阿漢繩之以法，不讓其他人再受害，琪琪應該鼓起勇氣到法院去作證，但可以請求法院隔離訊問，讓琪琪不須直接面對阿漢，如果阿漢和阿漢所請的律師問到與案情無關或使琪琪難堪的問題，琪琪可以向法院表達異議，法院會盡全力保護琪琪不再受到傷害，琪琪無須擔心。

 參考法條

　　法院辦理性侵害犯罪案件處理準則第三條至第十六條、性侵害犯罪被害人在審判程序中可受保護的重要事項第一條至第八條。

13. 遭受性侵害，可以主張哪些權利來加以救濟?

案例

　　琪琪遭逢性侵害，歹徒阿漢也順利被抓到並經檢察官提起公訴，聽說阿漢家境優渥，繼承不少產業，因此整天無所事事，竟心生歹念到處犯案，琪琪遭受傷害後，除了讓阿漢受到法律的制裁以外，琪琪可以另外向阿漢請求賠償嗎?

解說

　　性侵害他人，除構成「刑法」上的犯罪以外，在民事上，也對被害人構成侵權行為，須對被害人負損害賠償責任，賠償的範圍包括被害人因此所支出之醫療費、因此喪失或減少的勞動能力、因此所增加生活上的需要，及精神上的慰撫金等。如果加害人於刑事訴訟程序中經檢察官提起公訴，被害人可以在刑事第二審(即高等法院)辯論終結前，提起附帶民事訴訟向加害人求償，如此即無須繳納裁判費 (如未利用刑事訴訟程序提起附帶民事訴訟，亦可另行提起獨立之民事訴訟，但需依法繳納裁判費)，且須注意必須於知道賠償義務人時起二年內提起訴訟請求，以免罹於時效。

　　因此，案例中琪琪遭逢阿漢性侵害，除了可以報警處理，對阿漢提出強制性交罪之告訴，讓阿漢受到國家刑罰的制裁以外，琪琪也可以向阿漢提出民事訴訟，請求損害賠償，琪琪可以在檢

察官將阿漢提起公訴後，提起刑事附帶民事訴訟，起訴狀範例如下：

刑事附帶民事起訴狀

訴訟標的金額：新臺幣一百五十萬元整

案　號：

股　別：

原　告　　代號A（真實姓名年籍詳卷）

法定代理人　A之父（真實姓名年籍詳卷）

　　　　　　A之母（真實姓名年籍詳卷）

被　告　　阿漢　住：

（註：因琪琪年僅十九歲，為未成年人，且並未結婚，依法須由父母以法定代理人身分代理進行訴訟行為）

為被告涉嫌妨害性自主案件，依法提起刑事附帶民事訴訟事：

　　　訴之聲明

一、被告應給付原告新臺幣一百五十萬元整，及自起訴狀繕本送達之翌日起至清償日止按年息百分之五計算之利息。

二、訴訟費用由被告負擔。

三、願供擔保，請准予宣告假執行。

　　　事實及理由

一、緣被告阿漢於民國（下同）○年○月○日○時許，於臺北市西門町○路○號前，向原告佯稱其為星探，發覺原告甚

有潛力，可培植原告進入演藝圈發展，惟須先隨同伊至公司拍宣傳照等語，誘騙原告至臺北市○路○號○樓公寓內，詎料原告至該公寓時，被告竟將門反鎖，以強暴之方式違反原告意願將其性器插入原告陰道性侵害得逞乙次，被告犯行，業經臺灣○○地方法院檢察署檢察官提起公訴，刻於　鈞院審理中。

二、按故意或過失不法侵害他人權利者，負損害賠償責任。不法侵害他人之身體或健康者，對於被害人因此喪失或減少勞動能力，或增加生活上之需要時，應負損害賠償責任；不法侵害他人之身體、健康、名譽、自由、信用、隱私、貞操，或不法侵害其他人格法益而情節重大者，被害人雖非財產上之損害，亦得請求賠償相當之金額，民法第一百八十四條第一項、第一百九十三條第一項、第一百九十五條分別定有明文。據此，本件原告就被告之故意侵權行為而得請求之各項損害賠償如下：

(一)醫療費部分：本件原告因遭被告性侵害而就醫接受身體及心理治療，計支出醫藥費新臺幣（下同）五萬元，有醫院收據可參（證物一），此部分金額，自得請求被告賠償。

(二)精神慰撫金部分：本件原告因遭被告強制性交行為身心受創至鉅，經醫師診治後仍建議須持續接受心理復健治療（證物二），原告所受痛苦，自屬非小，爰請求被告賠償精神慰撫金一百四十五萬元，以資撫慰。

三、綜上所述，原告向被告請求賠償之財產及非財產上損失合

計為一百五十萬元整 (1,450,000+50,000=1,500,000)，懇請

鈞院鑒核，賜判決如訴之聲明，以保權益，至感德便。

此　　致

臺灣　　地方法院刑事庭

證物名稱及件數

一、醫院收據十紙。

二、診斷證明書正本乙份。

中華民國　　　年　　　月　　　日

具狀人　　　　　　　　　簽名蓋章

參考法條

民法第一百八十四條第一項、第一百九十三條第一項、第一百

九十五條、刑事訴訟法第四百八十七條、第四百八十八條。

14. 性侵害被害人的補助措施

●案例

琪琪遭到阿漢性侵害後，身心遭受很大的創傷，醫生建議琪琪要持續接受心理治療；此外，琪琪不懂訴訟程序，希望聘請律師來幫忙向阿漢請求損害賠償，但是琪琪目前沒有工作，也沒有存款，實在是無力負擔這些醫藥費、律師費，不知道是否有人可以幫助她？

解說

內政部為補助性侵害的被害人，訂定有「辦理性侵害被害人補助聲請原則」，並授權由地方主管機關擬訂辦理「性侵害被害人補助辦法」，補助原則及辦法大致如下：

一、申請人：被害人本人、配偶、法定代理人及其他執行專業保護事務者得代理提出申請。

二、補助項目：可補助被害人醫療費用、心理復健費用、訴訟及律師費用、緊急生活費用及其他由各級政府明示列舉的費用。

（一）醫療費用補助

扣除全民健康保險給付費用外，每人次最高額以新臺幣三千元為上限，其範圍含掛號費、驗傷診斷書費及其他類似費用。至

於特殊藥材、毒藥物檢驗、住院病房差額、伙食等全民健康保險不給付之費用亦得專案申請補助。為維護及確保被害人之權益，得由特約醫療院所按月檢附申請書及醫療費用明細表向被害人戶籍所在性侵害防治中心申請補助。被害人在未具有特約醫療院所就醫，採自行付費方式，得檢附申請書、驗傷診斷書影本、戶口名簿影本及收據正本向戶籍所在地性侵害防治中心申請。

㈡心理復健費用補助

1.個別心理治療費，每次每時最高補助六百元，每次以二小時為上限，每人每年最多補助十五次。

2.夫妻或家族治療費，每次每時最高補助八百元，每次以二小時為上限，每人每年最高補助十二次，次數得視情形酌為增減。

3.心理治療團體費，每次每時最高補助八百元，每次以三小時為上限，每團每年最高補助十二次，得由特約醫療院所按月檢附申請書及醫療費用明細表向被害人戶籍所在地性侵害防治中心申請補助。

被害人在未具有特約醫療院所就醫，採自行付費方式，得檢附申請書、驗傷診斷書影本、戶口名簿影本及收據正本向戶籍所在地性侵害防治中心申請。

㈢律師費用補助

每案警偵訊及每審律師補助費用最高以五萬元為限，每案每小時律師諮詢費用最高以三千元為限，每案每次撰狀補助費用最

高以八千元為限。申請人須將申請書、戶口名簿影本、委任狀影本及律師費用收據正本向戶籍所在地性侵害防治中心申請。

(四)訴訟費用補助

每案第一審訴訟費用最高以二萬元為限，每案第二審或第三審訴訟費用最高以三萬元為限。申請人須以申請書、戶口名簿影本及訴訟費用收據正本向戶籍所在地性侵害防治中心申請。

(五)緊急生活補助

依該地當年度最低生活費為補助標準，申請以一次為限，最高補助三個月，視情形得酌予增加或縮短。須以申請書、戶口名簿影本及社工員調查報告向戶籍所在地性侵害防治中心申請。

三、但聲請補助項目有繼續的性質者，申請人於補助條件喪失時，應即通知性侵害防治中心，停止補助。申請人如以不正當方法取得補助者，應依法追究一切法律責任。

因此，案例中琪琪無力負擔心理復健費用及律師費等，都可以向戶籍所在地的性侵害防治中心申請補助，無須害怕因無法負擔而延遲就醫或不敢提出訴訟主張權利。

 參考法條

性侵害犯罪防治法第十九條、直轄市暨各縣市辦理性侵害被害人補助聲請原則第二點至第十三點。

15. 遭受性侵害因此懷孕時，該怎麼辦？

案例

琪琪不幸遭逢性侵害，一個月以後，琪琪發現月經遲遲沒來，到醫院檢查結果，發現竟然懷孕了。琪琪在身心承受極度壓力與痛苦之下，決定要墮胎拿掉小孩，但是醫師卻告訴琪琪墮胎是違法的行為，是這樣嗎？琪琪該怎麼辦呢？

解說

墮胎合法性的問題，長久以來一直爭論不休，站在倫理及宗教的立場，認為無辜的胎兒生命權應該要保護，因此墮胎是違法的行為，但是有越來越多的婦女團體代表持反對立場，認為應該給婦女較多自主權，賦予懷孕婦女自由決定是否孕育胎兒的權利。而截至目前為止，我國法律還是認為除非有符合「優生保健法」所述的情況，否則醫師是不可以任意幫孕婦墮胎的，不然醫師和孕婦都會觸犯「刑法」墮胎罪的規定，因此而吃上官司。

但是，在很多情況下，生下小孩反而會衍生更多的問題，因此「優生保健法」規定，懷孕婦女經診斷或證明有下列情形其中之一者，得依其自願實施人工流產：

㈠本人或其配偶患有礙優生之遺傳性、傳染性疾病或精神疾病者。

㈡本人或其配偶之四親等以內之血親患有礙優生之遺傳性疾病者。

㈢有醫學上理由，足以認定懷孕或分娩有招致生命危險或危害身體或精神健康者。

㈣有醫學上理由，足以認定胎兒有畸型發育之虞者。

㈤因被強制性交、誘姦或與依法不得結婚者相姦而受孕者。

㈥因懷孕或生產將影響其心理健康或家庭生活者。

未婚之未成年人或禁治產人，依前述規定施行人工流產，應得法定代理人之同意。有配偶者，依前述第㈥款規定施行人工流產，應得配偶之同意，但配偶生死不明或無意識或精神錯亂者，不在此限。

故依上開「優生保健法」之特別規定，因被強制性交而受孕者，得依法實施人工流產，不會構成「刑法」的墮胎罪，且衛生署亦曾函釋說明，因性侵害受孕之人工流產為醫學治療上所必須，得申請全民健保給付。

因此，案例中琪琪要求醫師幫忙墮胎，礙於目前墮胎是違法行為，醫師沒有答應，但是琪琪情況特殊，她是因被性侵害而懷孕，符合「優生保健法」的規定，甚至得申請全民健保支付人工流產費用，琪琪應該進一步向醫師說明她的情況，讓醫師瞭解後，請求醫師協助進行人工流產。

參考法條

刑法第二百八十八條、第二百八十九條、第二百九十條、優生保健法第九條。

16. 遭受性侵害因此生下小孩時，該怎麼辦？

案例

　　琪琪遭逢性侵害後，一直沒有注意自己的身體狀況，直到警覺不對勁而就醫檢查時，發現已經懷孕超過四個月了，醫生說胎兒太大不適合再作人工流產，否則會危害母體安全，琪琪不得已必須將小孩生下來，可是琪琪實在沒有能力照顧小孩子，琪琪該怎麼辦才好？

解說

　　不是在合法婚姻關係下所出生的子女，法律上稱為「非婚生子女」，非婚生子女出生後，可由生父到戶政事務所辦理認領手續，辦理完畢後，雖然生父與生母沒有結婚，可是在小孩的戶籍登記上，會記載生父與生母的名字，認領後生父與生母同樣對小孩有扶養之義務，生父與生母可以自行協議小孩將來由哪一方監護。但是如果生父拒不出面到戶政事務所辦理認領，小孩一輩子會背負著父不詳的戶籍紀錄，而生父若無須負擔小孩的扶養費及照顧小孩的責任，對於小孩和生母來說，似乎也不太公平，因此，法律上設計了一個制度，叫做「強制認領」，依法律規定，如：

一、受胎期間生父與生母有同居之事實者。

二、由生父所作之文書可證明其為生父者。

三、生母為生父強制性交或略誘性交者。

四、生母因生父濫用權勢性交者，非婚生子女或其生母或其他法定代理人，得請求其生父認領。

因此，有上開幾種情況者，可由生母或子女向法院提起訴訟，請求生父認領小孩，待法院判決確定後，可以直接持法院的判決書到戶政事務所去辦理認領登記，不須生父配合辦理，但生母及其他法定代理人必須在子女出生後七年內提出請求，如由非婚生子女自行請求，亦必須於成年後二年內請求。

而非婚生子女經認領後（不管是生父自願認領或經法院判決強制認領），應該由哪一方來負責監護照顧小孩？由何人負擔扶養費？依法律規定，應由生父與生母雙方協議由其中一方或雙方共同任之。未為協議或協議不成者，法院得依聲請或依職權來酌定。如由雙方自行協議，但協議之結果不利於子女者，法院亦得依聲請或依職權為子女之利益改定。如果父母均不適合行使權利時，法院應依子女之最佳利益，選定適當之人為子女之監護人，並指定監護之方法，命父母負擔扶養費用。

至於扶養費之負擔問題，因依法父母對於未成年子女，均有保護及教養之權利義務；又非婚生子女認領之效力，溯及於出生時，是非婚生子女之扶養責任，亦應溯及於子女出生時，由生父、生母共同負擔，因此，不管是否享有子女的監護權，依法均有分擔給付扶養費之義務，如由一方支付全部扶養費後，並得依不當得利或無因管理之法律關係向他方請求分擔。

因此，案例中琪琪如果迫於無奈必須將小孩生下來，小孩出

生以後，琪琪可以要求阿漢認領小孩，並與阿漢協調小孩監護權的歸屬，如果阿漢拒不配合，琪琪可以訴請法院強制阿漢認領並酌定小孩的監護權，經法院判決後，如小孩歸由琪琪監護，琪琪仍可以向阿漢請求分擔給付小孩的扶養費，如果阿漢拒不給付，可以訴請法院判決給付。但是琪琪如果無力照顧小孩，法院調查結果認為阿漢也不適合監護小孩，即父母雙方均不適合監護時，法院會依子女之最佳利益，選定適當之人為子女之監護人，並命琪琪與阿漢分擔扶養費用。

參考法條

民法第一千零六十七條、第一千零六十九條之一、第一千零五十五條、第一千零五十五條之一、第一千零五十五條之二、第一千零八十四條第二項。

17.性侵害加害人的處遇措施

●案例

　　琪琪遭受阿漢性侵害，經過法院審理後，判處阿漢有期徒刑七年，並命阿漢於刑之執行前，令入相當處所施以治療，期間至治癒為止，最長不得逾三年，琪琪很疑惑，不知道法院所謂「令入相當處所施以治療」是什麼意思？又阿漢關了七年以後出來，難保不再犯案，相關單位有沒有什麼預防的措施？

解說

　　性侵害犯罪，法院於裁判前，依法應將被告送請醫院或相關單位進行鑑定，如經醫院實施鑑定結果，認被告有性異常或性變態等性偏差行為，或其他高危險因素（如有不良紀錄、社會職業功能不穩定、具反社會行為、缺乏同理心和悔悟、認知扭曲、濫交、不負責任等），有施以強制治療之必要時，法院得令被告於刑之執行前，入相當處所，施以治療，以降低被告之再犯率及對他人之危險性，進而保障社會治安。

　　此外，加害人於有期徒刑或保安處分執行完畢或經假釋、緩刑、免刑、赦免、緩起訴處分後，經監獄或直轄市、縣（市）主管機關評估後認有施以治療輔導之必要者，直轄市、縣（市）主管機關應命加害人接受身心治療或輔導教育,範圍包括認知教育、

行為矯治、心理治療、精神治療及其他必要之治療及輔導教育，執行期間為三年以下。但經評估認無繼續執行之必要者，直轄市、縣（市）主管機關得免其處分之執行。

而加害人如經直轄市、縣（市）主管機關通知，無正當理由不到場或拒絕接受評估、身心治療或輔導教育、無正當理由不按時到場接受身心治療或輔導教育或接受之時數不足、或未定期向警察機關辦理登記或報到者，得處新臺幣一萬元以上五萬元以下罰鍰，並限期命其履行，如屆期仍不履行者，處一年以下有期徒刑、拘役或科或併科新臺幣五萬元以下罰金，並於處分後通知該管檢察官，並得依法撤銷假釋、撤銷緩刑或撤銷緩起訴處分。

如加害人依直轄市、縣（市）主管機關命令接受身心治療或輔導教育，經鑑定、評估其自我控制再犯預防仍無成效者，直轄市、縣（市）主管機關得檢具相關評估報告，送請該管地方法院檢察署檢察官、軍事檢察署檢察官依法聲請強制治療。

又如所犯為強制性交罪、加重強制性交罪、強制猥褻罪、加重強制猥褻罪、乘機強制性交罪、犯強制性交猥褻因而致被害人死亡或重傷罪、犯強制性交猥褻故意致被害人死亡或重傷罪、強盜強制性交罪、海盜強制性交罪、擄人勒贖強制性交罪或其特別法之罪之加害人，於有期徒刑或保安處分執行完畢或經假釋、緩刑、免刑、赦免、緩起訴處分後，應定期向警察機關辦理身分、就學、工作、車籍及其異動等資料之登記及報到，其登記、報到之期間為七年，但於犯罪時未滿十八歲者，不適用之。

又因性侵害加害人再犯的比率非常高，檢察、矯正機關應建

立全國性侵害加害人檔案資料，除可獲得累犯再犯資料，有利縮小偵查範圍外，並提供其戶籍所在地之直轄市或縣（市）政府性侵害防治中心，以評估是否進行身心治療及輔導教育。

防治中心應成立性侵害加害人評估小組（以下簡稱評估小組），以評估加害人身心狀況。前項評估小組應由防治中心醫療服務組組長擔任召集，並遴聘精神科專科醫師、臨床心理人員、社工人員、觀護人員及專家學者等六人至八人共同組成之。評估小組應依據加害人之檔案、個案資料做成加害人身心狀況評量表及處遇書。加害人於身心治療或輔導教育期間，應每半年由評估小組進行成效評估，決定需否修正身心狀況評量表及處遇書內容。

因此，案例中琪琪接到法院的判決書中提到阿漢須「令入相當處所施以治療」，是因為法院在審理期間，將阿漢送請醫院鑑定的結果，認為阿漢有再犯之高危險因素，為治療阿漢並避免將來出獄後再犯，判決確定後，阿漢必須先接受相關的治療，直到阿漢的心理狀態回復正常後，再入獄服刑。而阿漢將來出獄後，亦必須定期向警察機關辦理登記及報到，直轄市、縣（市）主管機關並會對阿漢進行評估，如認阿漢仍有施以治療輔導之必要者，會命阿漢接受身心治療或輔導教育，以避免再犯，保障社會安全。

參考法條

刑法第九十一條之一、性侵害犯罪防治法第二十條至第二十三條。

肆

婦女健康及工作篇

1. 墮胎的合法性

●案例

　　九月份，是放完暑假學校開學的日子，蓓蓓見小蘭開學以來這一陣子心事重重，仔細詢問之下，才知道原來小蘭於暑假期間與男友一起環島旅遊之後，竟然發現自己懷孕了，小蘭不敢告訴父母，一直悶悶不樂，蓓蓓建議小蘭乾脆直接到藥房去買 RU486 來墮胎，小蘭覺得這是一個好辦法，到連鎖藥局去，但連鎖藥局的藥師竟然告訴小蘭私下墮胎是犯法的，小蘭不解，墮胎不是很常見的現象嗎，為什麼會犯法呢？

解說

　　暑假裡學生交往機會增加，一不小心懷孕，又礙於學業及經濟上無法自主，大多選擇以墮胎收場，因此，每到開學季節，這些不小心懷孕的學生趕著墮胎，形成所謂的「九月墮胎潮」。但是，很多學生不知道，墮胎除了對身體健康是一個很大的傷害外，更是一種犯罪行為。

　　近年來，雖有許多團體大力提倡尊重「婦女自主權」，主張應讓懷孕婦女有權決定是否孕育生命，而我國「優生保健法」亦規定在符合一定的情況下，可以合法的施行人工流產，但是，基於胎兒生命權的保障，我國「刑法」有關於墮胎罪的規定，並沒有

廢除，因此，不依一定的法律程序來墮胎，目前仍是一種犯罪行為。

依「刑法」第二百八十八條規定，懷胎婦女服藥或以他法墮胎、或聽從他人墮胎者，處六月以下有期徒刑、拘役或一百元以下罰金。受懷胎婦女的囑託或得其承諾，而幫懷胎婦女墮胎者，處二年以下有期徒刑，如果因而致婦女於死者，應處六月以上五年以下有期徒刑，致重傷者，處三年以下有期徒刑。如果是意圖營利，而幫懷胎婦女墮胎的話，更會加重處六月以上五年以下有期徒刑，得併科五百元以下罰金，因而致婦女於死者，處三年以上十年以下有期徒刑，得併科五百元以下罰金，致重傷者，處一年以上七年以下有期徒刑，得併科五百元以下罰金。

如果沒有受到懷胎婦女的囑託或未得到懷胎婦女的承諾，而使懷胎婦女墮胎者，依法應處一年以上七年以下有期徒刑，即便未墮胎成功，亦應處罰。因而致婦女於死者，處無期徒刑或七年以上有期徒刑。致重傷者，處三年以上十年以下有期徒刑。又因為墮胎屬違法行為，如果以文字、圖畫或他法，公然介紹墮胎之方法或物品，或公然介紹自己或他人為墮胎之行為者，等於在鼓勵他人墮胎，依法亦得處一年以下有期徒刑、拘役或科或併科一千元以下罰金。

因此，案例中小蘭如果私下到藥房買 RU486 擅自服用墮胎，是構成犯罪的，而且未經醫生診斷擅自服用 RU486 有可能會造成不完全流產、出血不止甚而骨盆腔炎或敗血症，會導致日後不孕，且 RU486 只對子宮內懷孕有用，曾經有子宮外孕者因不知子宮外

孕服用 RU486 後致腹內出血休克死亡的情況，擅自服用 RU486
是有相當的風險的。小蘭應該要將懷孕的事情誠實的與父母溝通，
由父母陪同到合法的醫院去進行人工流產手術，以免構成犯罪並
造成終身的遺憾。

參考法條

刑法第二百八十八條至第二百九十二條。

2. 哪些情況下可以合法的墮胎?

案例

　　小雪與老公阿昌新婚不久,最近到醫院檢查結果,發現自己意外懷孕了,小雪希望能等經濟情況穩定一點再生小孩,但是阿昌不同意,堅持小雪要把小孩生下來,兩人為此爭吵不休,這天下午,小雪請了假,決定到醫院偷偷把小孩拿掉,但是到醫院去,醫生表示沒有阿昌的同意,他不能幫小雪施行人工流產,是這樣嗎?

解說

　　雖然依現行「刑法」規定,墮胎是一種犯罪行為,但是有些時候,意外懷孕勉強把小孩生下來的結果,不但無法享受生命誕生的喜悅,恐怕會造成更多的家庭及社會問題,因此,為了提高人口素質,保護母子健康及增進家庭幸福,我國有「優

墮胎是否合法?我國刑法及優生保健法皆有相關規定。(圖片來源: Shutter-Stock)

生保健法」的制訂,「優生保健法」內對於符合一定條件的懷胎婦

女，允許得依法進行人工流產。

根據「優生保健法」第九條規定，懷孕婦女經診斷或證明有下列情事之一者，得依自願，施行人工流產：一、本人或其配偶患有礙優生之遺傳性、傳染性疾病或精神疾病者。二、本人或其配偶之四親等以內之血親患有礙優生之遺傳性疾病者。三、有醫學上理由，足以認定懷孕或分娩有招致生命危險或危害身體或精神健康者。四、有醫學上理由，足以認定胎兒有畸型發育之虞者。五、因被強制性交、誘姦或與依法不得結婚者相姦而受孕者。六、因懷孕或生產，將影響其心理健康或家庭生活者。只要符合以上六款事由，就可以由合格醫師進行合法的人工流產，符合該等規定所進行的墮胎行為，並不會構成「刑法」的墮胎罪。而其中第六款「因懷孕或生產，將影響其心理健康或家庭生活」之事由，在目前實行情況下，幾乎讓所有想要墮胎的婦女，皆可合法墮胎。

不過，「優生保健法」也規定，未婚的未成年人或禁治產人施行人工流產時，應得法定代理人的同意，有配偶者依第六款事由施行人工流產時，亦應得配偶之同意。故未成年少女若不小心未婚懷孕，必須事先徵得父母的同意，才能拿掉小孩，有配偶者認為懷孕或生產將影響其心理健康或家庭生活而欲施行人工流產者，也必須要經過丈夫的同意才行，否則，墮胎便因不符合「優生保健法」的規定而將構成「刑法」的墮胎罪。

因此，案例中小雪意外懷孕，但因目前生小孩會對家庭經濟造成很大的負擔，雖可依「優生保健法」第九條第一項第六款「因懷孕或生產，將影響其心理健康或家庭生活」的規定，到醫院找

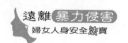
合法醫師進行人工流產，但必須事先徵求丈夫阿昌的同意，請阿昌簽訂同意書，否則小雪及協助進行人工流產的醫師，均將構成犯罪。

參考法條

優生保健法第九條。

3. 何謂人工生殖？可進行人工生殖的要件為何？

●案例

　　佩如與文政結婚三年來一直沒有懷孕，這讓身為獨子又出生在傳統家庭裡的文政承受很大的壓力，佩如更是急得到處試親朋好友給的藥帖、秘方，但是遲遲都沒有好消息。最近，他們決定到醫院去檢查，醫生檢查後發現文政有不孕症，建議他們考慮使用人工生殖的方式，所謂的「人工生殖」，指的是什麼意思？合法的人工生殖技術有哪些呢？

解說

　　生命的意義在創造宇宙繼起之生命,種族及個體生命的綿延，是人類最基本的慾望與需求，生殖原為天賦的本能，但是有部分人因罹患不孕症無法自行生育，或罹患遺傳性疾病不宜自行生育子女，醫學上實有必要以先進的科技為他們解決生育的問題，以達子嗣綿延及繼續之目的，此時人工生殖技術乃應運而發展。但是任何科技皆難完全避免副作用的產生，就人工生殖技術而言，副作用不僅止於生理層面，更牽涉到倫理、道德、婚姻、血統、法律等問題，可能衍生許多問題，例如：精、卵供應由原慈善之性質淪為商業買賣，精、卵、胚胎篩檢不嚴及技術草率造成不良後代，多次供精可能在未來有亂倫之隱憂等等；再者，此項高度

精密科技工作，若不能從人員資格及機構設備上予以嚴審，不從技術細節上加以嚴密督導管制，所可能衍生之社會問題，將遠超過一般醫療行為。

因此為了避免上開負面影響，制訂法律來加以規範實有必要，但是研議已久的「人工生殖法」草案，迄至目前仍尚未立法通過，在「人工生殖法」尚未立法完成前，目前只能參考「人工生殖技術倫理指導綱領」及「人工協助生殖技術管理辦法」的規定，作為醫事人員及一般社會大眾使用人工生殖技術的根據。

而根據上開辦法規定，所謂的「人工生殖技術」，是指利用非性交的人工方法，促使達到受孕生育目的之技術。且執行人工生殖技術，應由具備婦產醫學、生殖醫學、內分泌學及遺傳學等知識與能力之合格醫師為之。除單純之配偶間精子植入術外，應僅限於在具備有關之合格醫事人員及充分有關技術設備之醫院中進行。而接受人工生殖技術之夫妻及捐贈人應接受下列檢查及評估：(1)家族疾病史，包括本人及二親等以內之直系血親尊親屬及兄弟姊妹之遺傳性疾病紀錄；(2)一般性之生理狀況（包括年齡因素）；(3)有礙優生之精神疾病及傳染性疾病檢查；(4)一般性之心理狀況；(5)其他經中央衛生主管機關公告事項。

而如果只是使用夫妻間的精、卵進行受精醫療技術，則法律關係相當單純，只要受術夫妻符合上開要件就可施行。而如果不孕夫妻是精子或卵子發生問題，根據現行的「人工協助生殖技術管理辦法」，可依法接受精子與卵子的捐贈。但要借精或借卵的夫妻必須符合：(1)夫妻之一方經診斷罹患不孕症且無法治癒或罹患

遺傳性疾病有生育異常子女之虞者；⑵夫妻至少一方應有生殖細胞，並僅需接受他人捐贈精子或卵子者；⑶妻方能以其子宮孕育生產胎兒者；⑷依規定檢查及評估結果，適合接受人工生殖技術者，方能接受精子或卵子的捐贈進行人工生殖。

此外，為避免產生負面影響，「人工協助生殖技術管理辦法」亦規定，有下列情形之一者，醫療機構不得施行人工生殖技術：⑴捐贈人與異性之受術夫妻間有禁止結婚之親屬關係；⑵捐贈人與受贈人經檢查及評估不合格者；⑶使用培育超過十四天以上之胚胎；⑷使用供實驗研究用途之精子、卵子或胚胎；⑸施行代理孕母方式；⑹施行無性生殖方式。

因此，案例中佩如與文政想要擁有自己的小孩，可以到行政院衛生署評估通過之人工協助生殖技術機構，請醫師為他們診療及評估，並依醫師建議的方式採行適當的人工生殖技術，如果是一方的精子或卵子發生問題無法生育，尚可依法接受精子或卵子的捐贈達到孕育下一代的目的。

參考法條

人工生殖技術倫理指導綱領、人工協助生殖技術管理辦法第四條至第七條。

4. 代理孕母合法性之爭議

●案例

　　文政與佩如接受醫師的建議，做了幾次的試管嬰兒以後，發現還是沒有辦法順利懷孕，醫師進一步檢查結果，發現佩如的子宮有病變不適合孕育胎兒。佩如與文政覺得很失望，但最近聽到新聞在討論「代理孕母」的問題，佩如與文政詢問醫師是否可使用代理孕母的方式來達到擁有小孩的願望，醫師卻回答礙於目前法令，無法使用此種方式，佩如與文政不解法律限制的目的何在？

解說

　　所謂「代理孕母」，是指接受手術夫妻之精子、卵子或胚胎植入其生殖器官並代為孕育生產胎兒者。隨著人工生殖科技的迅速發展，七十年代以來，歐美各國無法以子宮孕育胎兒的婦女，為了完成生兒育女的願望，開始有人委託可孕育生產胎兒的女性代為孕育胎兒及生產。而代理孕母是否應開放、合法化，我國社會上一直有兩極化的見解，反對者認為目前社會成熟度尚嫌不夠，代理孕母所引發的倫理道德與法律爭議、殘障兒的責任歸屬都還沒有辦法確認並完成配套修法時，不應貿然開放，且代理孕母代為懷孕賺取營養費等酬勞，形同出賣自己的身體、將自己的子宮視為商品換取金錢，亦不值得鼓勵。不過贊成者認為生兒育女是

人類基本的願望，國內數十萬不孕的夫婦中有許多是精子、卵子並沒有問題，只是因為子宮病變無法孕育胎兒，必須要有代理孕母才能讓他們達成擁有自己孩子的願望。

目前依我國「人工協助生殖技術管理辦法」規定，醫療機構不得施行代理孕母方式之人工生殖技術，倘若醫生違反此規定，根據「人工協助生殖技術管理辦法」第二十條，將依「醫療法」、「醫師法」及其他相關法規處罰，醫師可能因此遭到停業、甚至撤銷執照的處分。但衛生署人工生殖委員會近來公布架構完整的「代孕人工生殖法草案」，內容朝有條件開放代孕的方向研擬，規範不孕夫妻或懷孕有害生命的夫妻，在精、卵自備的前提下，可委由他人代孕，代孕為有償行為，代孕媽媽必須成年且有順產經驗，沒有國籍限制，代孕到分娩後可獲得營養費，必要醫療檢查及工作損失、交通費用等，也由委託者負擔，雖然該草案仍未經立法院三讀通過，但已有開放代理孕母的趨勢。

未來代理孕母一旦合法化，由於這是最近醫學科技發達所衍生的產物，所以我國「民法」以及相關法律都未作出配套規範，尤其小孩出生後，依據我國目前法律規定，懷孕產下小孩的人才是小孩的母親，則將來代理孕母所生的小孩，如何認定親生母親，亦需經由法律另行明文規定，否則代理孕母在孩子出生後如果反悔霸占不還時，將會產生問題。現姑且不問代理孕母開放後將衍生的相關法律問題，目前衛生署傾向於有限制開放的態度，對於因子宮病變而無法孕育胎兒的不孕夫妻，將是一大福音。

因此，案例中佩如因為子宮病變無法懷孕生子，礙於目前法

令規定，佩如與文政無法使用代理孕母的方式一圓生兒育女的願望，不過衛生署目前已傾向於有限制開放代理孕母的態度，如衛生署的態度沒有改變，相信不久的將來，代理孕母制度開放後，佩如與文政仍有可能完成擁有自己小孩的願望。

 **參考法條**

　　人工協助生殖技術管理辦法第七條、第二十條。

5. 何謂就業性別歧視？遭逢就業性別歧視時，應如何處理？

案例

　　雅婷從大學畢業以後，就一直在電子公司上班，工作了五年多，和雅婷同期進去，學歷、工作表現比雅婷差的男生，都升到了主管，薪水也調了好幾次，只有雅婷還一直在原地打轉，雅婷常向家人抱怨此事。半年前，雅婷與交往多年的男友彥明結婚了，最近還發現順利懷孕了，沒想到向公司同事公布這個喜訊後不久，竟然受到公司老總的召見，向雅婷表示當初進入公司時簽的合約上有明文規定，如懷孕即必須自動辭職，老總表示雅婷當初既然自願在合約上簽字，就必須遵守約定，雅婷很生氣，公司這樣的要求合理嗎？這樣的合約合法嗎？

解說

　　雖然近年來大力提倡「男女平等」，但是因為男女在生理上的差異，因此在就業市場裡，還是很常見到性別歧視的存在，諸如：同工不同酬、升遷不平等等等，都屬於就業性別歧視的一種。我國為了保障女性就業，消彌就業性別歧視，早在「勞動基準法」及「就業服務法」內有所規定，依「勞動基準法」規定：「雇主對勞工不得因性別而有差別之待遇。工作相同、效率相同者，給付同

等之工資」，另外，「就業服務法」第五條也規定：「為保障國民就業機會平等，雇主對求職人或所僱用員工，不得以種族、階級、語言、思想、宗教、黨派、籍貫、性別、婚姻、容貌、五官、身心障礙或以往工會會員身分為由，予以歧視。」因此，與男同事做相同的工作，卻因性別因素領較少的薪水、與男同事資格及條件皆相當，但老闆卻因性別因素，只拔擢男同事當主管，均屬違反「勞動基準法」及「就業服務法」之規定。

但是即便有上開法律規定，還是無法實質消彌就業性別歧視，就業性別歧視中最常見的，就是「懷孕歧視」，因為女性勞工懷孕後的身體變化，可能降低其勞動力，且生產時依法得請二個月的產假而雇主仍須給薪，許多雇主考量企業成本及人手限制，乾脆選擇將女性勞工解僱，另請人替補，以減少公司的負擔，也因此造成對懷孕勞工的不平等對待。為了進一步保障兩性工作權的平等，貫徹消除性別歧視、促進兩性地位實質平等的精神，我國在民國九十一年通過了「兩性工作平等法」，所有受僱者及求職者皆有該法的適用，軍公教人員亦一體適用。該法中明文規定：

「雇主對求職者或受僱者之招募、甄試、進用、分發、配置、考績或陞遷等，不得因性別而有差別待遇。但工作性質僅適合特定性別者，不在此限。」（第七條）

「雇主為受僱者舉辦或提供教育、訓練或其他類似活動，不得因性別而有差別待遇。」（第八條）

「雇主為受僱者舉辦或提供各項福利措施，不得因性別而有

差別待遇。」（第九條）

「雇主對受僱者薪資之給付，不得因性別而有差別待遇；其工作或價值相同者，應給付同等薪資。但基於年資、獎懲、績效或其他非因性別因素之正當理由者，不在此限。雇主不得以降低其他受僱者薪資之方式，規避前項之規定。」（第十條）

「雇主對受僱者之退休、資遣、離職及解僱，不得因性別而有差別待遇。工作規則、勞動契約或團體協約，不得規定或事先約定受僱者有結婚、懷孕、分娩或育兒之情事時，應行離職或留職停薪；亦不得以其為解僱之理由。違反前二項規定者，其規定或約定無效；勞動契約之終止不生效力。」（第十一條）。

因此，結婚、懷孕、分娩或育兒等因素並非雇主解僱勞工的正當理由，即使勞工與公司簽訂的工作契約中，有明定懷孕或結婚必須自動離職的條款，該條款亦無效，因為該條款已違背人民結婚、懷孕的自由，屬違背社會秩序與善良風俗，依照「民法」第七十二條的規定，應屬無效。其實，企業資遣懷孕勞工，乍看似乎可以減少公司負擔，但是長遠來看，如此作法非但違法，且重新僱用、培訓新人，反而更增加企業成本；另外，對於懷孕婦女的歧視，一方面也讓更多的

婦女地位雖已逐漸提升，但職場中仍存在許多性別差異的迷思。（圖片來源：ShutterStock）

婦女因為害怕被解僱而不敢生小孩，造成社會人口老化，無形中也增加了社會問題，政府不得不重視此問題而積極改善。

案例中，雅婷的公司違反同工同酬的規定，且有升遷性別歧視，已屬違反「勞動基準法」、「兩性工作平等法」及「就業服務法」等規定，雅婷可向主管機關提出申訴，又雅婷雖於就職時與公司簽訂的工作契約中有自願離職條款，但該條款因屬違反公共秩序與善良風俗而為無效，所以雅婷有權繼續工作，無須理會公司命其離職之要求。

 **參考法條**

勞動基準法第二十五條、兩性工作平等法第七條至第十一條、就業服務法第五條。

6. 法律對於有性別歧視的雇主，有哪些處罰規定？

●案例

　　雅婷因告知公司自己懷孕的消息而收到公司通知，希望她能自動辭職，雅婷雖然不願意，但老闆為了不讓雅婷繼續到公司上班，甚至表示不再繼續發給雅婷薪水，雅婷覺得很不合理，但不知道能做些什麼以保障自己的權益？

解說

　　如前所述，「勞動基準法」規定：「雇主對勞工不得因性別而有差別之待遇。工作相同、效率相同者，給付同等之工資。」，如有違反時，依照該法第七十九條規定，可處二千元以上二萬元以下的罰鍰。另外，「就業服務法」規定：「為保障國民就業機會平等，雇主對求職人或所僱用員工，不得以種族、階級、語言、思想、宗教、黨派、籍貫、性別、婚姻、容貌、五官、身心障礙或以往工會會員身分為由，予以歧視」，雇主若違反此規定，按該法第六十五條規定，將處三十萬元以上一百五十萬元以下罰鍰。

　　另外，「兩性工作平等法」公布施行後，雇主對求職者或受僱者之招募、甄試、進用、分發、配置、考績或陞遷、雇主為受僱者舉辦或提供教育、訓練或其他類似活動、雇主為受僱者舉辦或提供各項福利措施，均不得因性別而有差別待遇。雇主對受僱者

薪資之給付、退休、資遣、離職及解僱，亦不得因性別而有差別待遇。工作規則、勞動契約或團體協約，亦不得規定或事先約定受僱者有結婚、懷孕、分娩或育兒之情事時，應行離職或留職停薪或以其為解僱之理由，僱主如有違反，依該法第三十八條規定，得處一萬元以上十萬元以下罰鍰。

因此，僱主有就業性別歧視，依上開法律規定，主管機關得對僱主科處罰鍰，以處罰僱主，並促其改進。而所謂「主管機關」，在中央為行政院勞工委員會；在直轄市為直轄市政府；在縣（市）為縣（市）政府。各縣（市）政府勞工局為認定就業性別歧視，大多有邀請相關單位、勞工團體、僱主團體代表及學者專家組成「就業歧視評議委員會」及「兩性工作平等委員會」。因此，勞工遭逢就業性別歧視，第一步可向縣（市）政府提出申訴。且依法僱主不得因受僱者提出申訴或協助他人申訴，而予以解僱、調職或其他不利之處分。勞工局接獲申訴後，會依下列步驟進行處理：

一、分案處理

勞工因權利受損至勞工局申訴，勞工局受理諮詢後，如係單純屬勞資爭議案件（如非因性別因素而遭公司不當解僱或積欠薪資等），則移交由勞資爭議處理；如受理後認為有性別歧視之嫌，則送由「兩性工作平等委員會」或「就業歧視評議委員會」進行調查。

二、調查

　　兩性工作平等委員會或就業歧視評議委員會受理後，會分別發函通知僱主及勞工進行訪談，訪談時除訪談申訴人、被申訴單位代表外，相關涉案人員或證人亦將一併進行訪談，並作成訪談紀錄留存。如遇有事業單位拒絕配合調查，為使調查工作順利進行，承辦人員會申請發動勞動檢查，並與勞動檢查人員一同前往進行訪談。

三、雙方互為舉證

　　依「兩性工作平等法」規定，受僱者或求職者只要釋明確有差別待遇之事實存在後，應由僱主就差別待遇非因性別因素，或該受僱者或求職者所從事工作須特定性別，其並無就業性別歧視之情況，負舉證責任。因此，申訴勞工在接受調查訪談時，僅需提出相關資料（包括一切人證及物證），說明事件之經過，並說明被申訴單位有何差別待遇存在。至僱主方面，主管機關承辦人員於調查過程中，會要求僱主就所為差別待遇非因性別因素，或該受僱者或求職者所從事工作之特定性別因素負舉證責任。所以僱主若遭申訴時，應舉出相關事證證明非因性別因素而對申訴勞工有差別待遇，僱主若拒絕配合調查工作，因法律將舉證責任課予僱主，僱主會因無法舉證而遭受處分。

四、召開委員會，做出決議

於正式委員會召集前二至三天，工作人員會先開會確認正式會議當天議程安排，並進行當次申訴評議案件調查重點彙整，如發現尚有缺漏，則可隨時修正，以協助正式會議之順利進行。直至委員會召開當日，由評議委員出席，開會評議申訴案件，如審議結果認為申訴案件成立，將由主管機關對事業單位做出行政處罰。

五、行政救濟

雇主、受僱者或求職者對於地方主管機關所為之處分有異議時，得於十日內向行政院勞工委員會所設之兩性工作平等委員會申請審議，或逕行向該會訴願審議委員會提起訴願。如向行政院勞工委員會兩性工作平等委員會申請審議後，對於該會兩性工作平等委員會所為之處分仍有異議時，得於行政處分達到之次日起三十日內先行向行政院提起訴願，如對訴願結果仍有不服，得於二個月內向原處分機關所在地之高等行政法院提起行政訴訟救濟。

此外，除了向主管機關提出申訴，由主管機關對雇主科處罰鍰外，「兩性工作平等法」亦規定，受僱者或求職者因遭逢就業性別歧視而受有損害者，雇主應負賠償責任，且受僱者或求職者雖非財產上之損害，亦得請求賠償相當之金額。因此，遭受歧視之勞工，亦得於兩年內向法院提起訴訟請求雇主賠償損害，並得請

求僱主給付精神上的慰撫金,主管機關並應提供必要的法律扶助。受僱者或求職者有聲請保全處分(即假扣押、假處分)時,法院得減少或免除供擔保之金額,將來法院審理時,對差別待遇事實的認定,應審酌兩性工作平等委員會所為之調查報告、評議或處分。

　　因此,案例中雅婷的公司違反同工同酬的規定,且有升遷性別歧視,已屬違反「勞動基準法」、「就業服務法」及「兩性工作平等法」之規定,雅婷可向縣(市)政府勞工局提出申訴,並得向法院訴請公司賠償財產上的損害及精神上的慰撫金。且雅婷有權繼續工作,如公司堅持不讓雅婷回去上班,雅婷可向法院提起訴訟,確認公司之解僱不合法,其與公司間之僱傭關係仍然存在,將來法院判決確定時,公司仍必須接受雅婷回去上班,並須依法給付工資給雅婷。

參考法條

勞動基準法第二十五條、第七十九條、就業服務法第五條、第六十五條、兩性工作平等法第七條至第十一條、第二十六條、第二十九條至第三十一條、第三十五條至第三十七條。

7. 法律對於女性勞工有哪些特別保護措施?

●案例

　　雅婷懷孕後，常常會有些身體不適的症狀，而且隨著生產的日子越來越接近，雅婷覺得行動越來越不方便，但是公司的工作還是一樣的多，老闆常常要求雅婷要加班，這幾天雅婷因為連續加班身體不堪負荷累倒了，為了腹中寶寶的健康，雅婷向老闆請求調職，但是老闆不同意，雅婷該怎麼辦呢? 還有將來生產時，雅婷可以請多久的產假呢? 小孩生下來以後，雅婷希望可以親自餵母乳以增加小孩的抵抗力，雅婷上班時間可以請假餵母乳嗎?

(解說)

　　根據統計，十五歲至六十四歲以下的女性勞動參與率不及百分之五十，也就是說，十五歲至六十四歲的女性，只有不到一半的人有在工作，對於社會資源來說，是一種浪費，為了鼓勵女性就業，著眼於男女生理上的差異，「兩性工作平等法」中，體諒女性受僱者常常因生理期而造成身體上之不適，特別設置生理假的規定，女性受僱者因生理日致工作有困難者，每月得請生理假一日，但請假日數應併入病假計算，因併入病假合併計算，薪資之計算亦依病假規定辦理，因此女性受僱者並非每年多出十二天之生理假，但請生理假時，雇主不得視為缺勤，而影響其全勤獎金、

考績或為其他不利之處分，此點為生理假與病假不同之處。至於生理假的薪資，依病假規定辦理之結果，只要一年內普通傷病假未住院者之日數未超過三十日，工資應折半發給。至於女性受僱者申請生理假時，應否提出證明文件？目前實務上認為勞資間本來應以誠實互信之原則相互對待，但必要時雇主亦得要求提出證明，但同一人請生理假之原因通常固定，雇主若要求每次生理假都須提出醫師證明，則非屬必要之範圍，雇主的請求並不合理。

另外，職業婦女結婚後，因須兼顧工作與家庭，非常辛苦，另外，根據統計，有將近百分之七十的女性因為結婚或生子，必須照顧家中的老人或孩子而被迫必須離開工作職場，即便未離開工作職場，懷孕、生產的過程，因歷經身心及家庭角色的變化，通常比職場的男性須承受更大的壓力，因此，為保護女性受僱者，讓女性受僱者得兼顧工作與家庭，女性受僱者懷孕生子時，依法享有下列權利：

一、妊娠期間之工作時間限制及調職請求權

依「勞動基準法」規定，雇主不得以任何理由要求懷孕婦女於晚上十點至翌日凌晨六點之時間內工作。另外，女性勞工在妊娠期間，如有較為輕易的工作，得申請改調，雇主不得拒絕，並不得減少其工資。

二、流產假

如懷孕期間不幸流產，根據「勞動基準法」規定，妊娠三個

月以上流產者，應停止工作，給予產假四星期。且流產假的給予是以事實的發生來認定，並未限定給假次數、請假者結婚與否。因此，女性勞工即使沒有結婚，或之前已有請過流產假，只要有流產事實的發生，仍然可要求給假。至於流產假期間的工資，與產假規定相同，若受僱工作滿六個月，流產假期間薪水照給，如未滿六個月，薪水減半發給。若懷孕不滿三個月流產，雖然「勞動基準法」沒有規定，但依「兩性工作平等法」規定，僱主仍應給予流產假，如懷孕二個月以上未滿三個月流產者，給予流產假一星期；懷孕未滿二個月流產者，給予流產假五日。

三、產假

依「勞動基準法」及「兩性工作平等法」規定，女性勞工分娩前後，應停止工作，給予產假八星期。而所謂的「分娩」是只要有生產的事實即算，無論小孩是第一胎或第二胎，生出來是活產或死產，是婚生或非婚生，均得依法請八星期的產假。產假期間的工資，如受僱工作滿六個月以上，則產假期間薪水照給，即使受僱工作未滿六個月，亦可領一半的薪水。

四、陪產假

婦女分娩時，身心面臨極大壓力，有配偶陪伴照顧，可減輕些許壓力與痛苦，且育兒為兩性共同的責任，為使男性勞工於配偶生產時能照顧配偶及新生兒，「兩性工作平等法」明文規定，男性勞工於配偶分娩時，不論配偶是否為職業婦女，均得享有二日

之陪產假，且陪產假期間雇主工資應照給，且不得視為缺勤，而影響其全勤獎金、考績或為其他不利之處分。

五、哺乳時間

母乳的哺餵，對於孩子與母親之間的感情、人與人間的和諧關係、孩子的健康等都非常重要，而培養優秀的下一代，不僅是女人的責任，也是為國家社會延續種族很重要的任務，為使女性受僱者能兼顧工作與親職，「勞動基準法」及「兩性工作平等法」規定，子女未滿一歲須女性受僱者親自哺乳者，於規定之休息時間外，雇主應每日另給哺乳時間二次，每次以三十分鐘為度，而哺乳時間，視為工作時間。

六、彈性調配工時

為方便受僱者照顧幼兒，「兩性工作平等法」設計了育嬰減少工時及彈性調配工作時間等方式，讓受僱者得選擇採用，以兼顧家庭。但為考量雇主之負擔及公平性，故僅規定受僱於僱用三十人以上雇主之受僱者，為撫育未滿三歲子女，得向雇主請求每天減少工作時間一小時或調整工作時間。但選擇減少工作時間時，減少之工時，不得請求給付報酬。

七、家庭照顧假

為使受僱者可以兼顧家庭責任，「兩性工作平等法」規定，受僱於僱用三十人以上雇主之受僱者，於其家庭成員預防接種、發

生嚴重之疾病或其他重大事故須親自照顧時，得請家庭照顧假，
請假日數併入事假計算，全年以七日為限。

八、申請育嬰留職停薪

受僱者往往因家中有幼兒出世而被迫離開職場在家照顧幼
兒，對雇主來說，好不容易訓練出來的人才因而離職，之前所投
入的培養，也算是一種損失，為了使受僱者兼顧家庭與職業，且
不讓好的人才因而流失，「兩性工作平等法」規定，受僱於僱用三
十人以上的雇主的受僱者，任職滿一年後，於每一子女滿三歲前，
得申請育嬰留職停薪，期間至該子女滿三歲止，但申請留職停薪
的時間最長不得超過二年。同時撫育子女二人以上者，其育嬰留
職停薪期間應合併計算，最長以最幼子女受撫育二年為限。受僱
者於育嬰留職停薪期間，得繼續參加原有之社會保險，但原本由
雇主負擔的保險費，免予繳納，改由政府支付；原由受僱者負擔
的保險費，得遞延三年繳納。而受僱者於育嬰留職停薪期滿後，
申請復職時，除有下列情形之一，並經主管機關同意者外，雇主
不得拒絕：㈠歇業、虧損或業務緊縮者；㈡雇主依法變更組織、
解散或轉讓者；㈢不可抗力暫停工作在一個月以上者；㈣業務性
質變更，有減少受僱者之必要，又無適當工作可供安置者。雇主
因前述原因未能使受僱者復職時，應於三十日前通知，並應依法
發給資遣費或退休金。

九、托兒設施或措施之建置

如果是大型企業，為了使受僱者更能兼顧家庭，「兩性工作平等法」規定，僱用受僱者二百五十人以上的雇主，應設置托兒設施或提供適當的托兒措施，但主管機關對於雇主設置托兒設施或提供托兒措施，應給予經費補助。

受僱者依上述規定提出請生理假、流產假、產假、陪產假、家庭照顧假，請求給予哺乳時間、減少工時、申請育嬰留職停薪等要求時，雇主不得拒絕，受僱者只要提出適當的證明文件，雇主即應准假，且不得因受僱者未出勤而視為缺勤影響其全勤獎金、考績或為其他不利之處分，否則依法得處新臺幣一萬元以上十萬元以下罰鍰，如受僱者因此受有損害，雇主更應負賠償責任。但為了公平起見，如受僱者有配偶且未就業者，因受僱者有人可分擔家庭照顧責任，固除非有正當理由，否則受僱者不得請求育嬰留職停薪、給予哺乳時間、彈性調配工時及請家庭照顧假。

如果受僱者最後還是選擇離開工作崗位，為了鼓勵將來能再度就業，「兩性工作平等法」規定，主管機關為協助因結婚、懷孕、分娩、育兒或照顧家庭而離職之受僱者獲得再就業之機會，應採取就業服務、職業訓練及其他必要之措施，雇主僱用因結婚、懷孕、分娩、育兒或照顧家庭而離職之受僱者成效卓著者，主管機關得給予適當之獎勵。

因此，雅婷懷孕後，不但有權利拒絕老闆深夜加班的要求，還可以向老闆要求改調較輕鬆的工作，老闆不得拒絕，更不能因

此調降雅婷的薪水。將來雅婷生產前後，還可以請八個星期的產假，雅婷生產時，老公彥明也可以向公司請陪產假，來陪伴雅婷渡過生產時的痛苦，小孩生下來以後，雅婷如有哺乳需要，可要求公司每日給予二次的哺乳時間，甚至可請求彈性調整工時、請家庭照顧假或採取留職停薪等方式來照顧幼兒，如老闆拒絕雅婷上開權利的行使，雅婷可向主管機關提出申訴，甚至可以請求老闆賠償雅婷因此所生的損害。

 參考法條

　　勞動基準法第四十九條至第五十二條、兩性工作平等法第七條至第十一條、第十四條至第二十六條、第三十八條。

伍

其他常見婦女人身安全事件

1. 人口販賣事件

案例

　　阿英是一個從大陸內地嫁來臺灣的大陸新娘，原本以為嫁來臺灣可以脫離自小貧困的生活，想不到來了以後才發現，老公原來是「人蛇集團」的成員，一下飛機阿英就被不明男士接走，並隨後被強迫接客賣淫。阿英覺得很痛苦，很想回大陸，可是她在臺灣人生地不熟，所有的錢和證件都被扣留，阿英應該怎麼辦？

解說

　　所謂「人口販賣」指的是人口販子為了牟取不法利益，以欺騙、誘拐、逼迫、強制、威脅、恐嚇或暴力等方式，從事販賣嬰兒或強迫被害人賣淫、做奴隸等。而人口販子往往鎖定較貧窮落後及知識較缺乏地區的婦女，然後以美好前景、工作條件及高額報酬等條件來誘惑她們，讓被害人以為她們是到一個富裕的國家或城市去。然而當被害人懷抱著滿腹的憧憬到達目的地時，卻往往發現自己行動受到控制、證件遭扣押，更因莫名背負沉重的債務，而必須在暴力的陰影下被迫進入色情市場。

　　近年來兩岸往來頻繁，跨國色情集團也在兩岸三地展開人口販賣犯罪行為。根據海巡署的調查，不少大陸女性及未成年少女以打工或旅遊名義被騙來臺後慘遭脅迫賣淫，讓這些身在異鄉的

女子們處境堪憐。而人口販賣，可能因而觸犯我國刑法下列規定而受到處罰：

一、使人為奴隸罪

人口販子使被害人為奴隸或使被害人居於類似奴隸之不自由地位，依法得處一年以上七年以下有期徒刑，即使未遂（未達到目的），亦應處罰。

二、販賣、質押人口罪

人口販子買賣、質押人口，依法得處五年以上有期徒刑，得併科五十萬元以下罰金。如意圖使人為性交或猥褻之行為而買賣、質押人口，依法應處七年以上有期徒刑，得併科五十萬元以下罰金。如係以強暴、脅迫、恐嚇、監控、藥劑、催眠術或其他違反本人意願之方法而買賣、質押人口，應加重其刑至二分之一。即便只是媒介、收受、藏匿被買賣、質押之人或使之隱避者，亦應處一年以上七年以下有期徒刑，得併科三十萬元以下罰金。

三、略誘罪

如意圖營利、或意圖使婦女為猥褻之行為或性交而以強暴脅迫之手段略誘被害人脫離家庭或其他監督權人者，處一年以上七年以下有期徒刑，得併科一千元以下罰金，且縱使未遂，亦應處罰。

四、圖利使人為性交或猥褻罪

如意圖使被害人與他人為性交或猥褻之行為，而引誘、容留或媒介以營利者，處五年以下有期徒刑，得併科十萬元以下罰金。

五、圖利強制使人為性交或猥褻罪

如意圖營利，以強暴、脅迫、恐嚇、監控、藥劑、催眠術或其他違反本人意願之方法使被害人與他人為性交或猥褻之行為者，處七年以上有期徒刑，得併科三十萬元以下罰金，且縱使未遂，亦應處罰。媒介、收受、藏匿被害人者，亦應處一年以上七年以下有期徒刑。

六、引誘、容留、媒介未成年人為性交或猥褻罪

如意圖使未滿十六歲之被害人與他人為性交或猥褻之行為，而引誘、容留或媒介者，處五年以下有期徒刑、拘役或五千元以下罰金。如係意圖營利犯之者，處一年以上七年以下有期徒刑，得併科五萬元以下罰金。

七、引誘容、留使兒童、少年為性交易罪

另外引誘、容留、媒介、協助或以他法，使未滿十八歲之人為性交易者，依「兒童及少年性侵害防制條例」的特別規定，應處一年以上七年以下有期徒刑，得併科新臺幣三百萬元以下罰金。如係意圖營利而犯之者，處三年以上十年以下有期徒刑，併科新

臺幣五百萬元以下罰金。以該類犯罪為常業者，處五年以上有期徒刑，併科新臺幣七百萬元以下之罰金。而媒介、收受、藏匿前述被害人者，處一年以上七年以下有期徒刑，得併科新臺幣三百萬元以下罰金。媒介收受、藏匿行為者，亦應一同處罰。且上開犯罪即便未遂，亦應處罰。

八、強制兒童、少年為性交易罪

如以強暴、脅迫、恐嚇、監控、藥劑、催眠術或其他違反本人意願之方法，使未滿十八歲之人為性交易者，處七年以上有期徒刑，得併科新臺幣七百萬元以下罰金。意圖營利而犯罪者，處十年以上有期徒刑，併科新臺幣一千萬元以下罰金。以該類犯罪為常業者，處無期徒刑或十年以上有期徒刑，併科新臺幣一千五百萬元以下罰金。而媒介、收受、藏匿前述被害人者，處三年以上十年以下有期徒刑，得併科新臺幣五百萬元以下罰金。媒介收受、藏匿行為者，亦應一同處罰。其上開犯罪即便未遂，亦應處罰。

九、偽造文書罪

如係以假結婚之方式媒介少女來臺賣淫，因無結婚的意思，卻以虛偽的結婚證書向戶政機關辦理結婚登記，將另涉犯使公務員登載不實罪，即明知為不實之事項，而使公務員登載於職務上所掌之公文書，足以生損害於公眾或他人者，處三年以下有期徒刑、拘役或五百元以下罰金。

　　由於人口販賣案件，非但使被害人身心受創甚鉅，且跨國的人口販賣，更嚴重影響國家形象，近來法務部極為重視打擊跨國人口販賣犯罪，只要發現有被害人，都會盡力營救、保護被害人，因此被害人應該勇敢報警，不必擔心證件及金錢問題。

　　因此，案例中阿英遭人蛇集團詐騙來臺逼迫賣淫，人蛇集團成員已涉犯我國「刑法」規定，得判處七年以上有期徒刑，阿英應該勇於利用機會報警處理，以協助自己脫離險境。

 **參考法條**

　　刑法第二百十四條、第二百九十六條、第二百九十六條之一、第二百九十八條、第二百三十一條、第二百三十一條之一、第二百三十二條、第二百三十三條、兒童及少年性交易防制條例第二十三條、第二十四條。

2. 援交事件

案例

君君今年十九歲，夢想擁有一個 LV 櫻桃包好久了，最近，君君看同學家倩手上提了一個，心裡好羨慕，家倩告訴君君，如果缺錢，可以透過援助交際的方式來賺點外快，既輕鬆又容易，在家倩一再慫恿下，君君在網路聊天室張貼了「一夜情」、「援助交際」等內容。不一會兒，有一名男子進入聊天室與君君聊天，兩人談好價錢，即約在火車站見面，未料見面後，該男子即出示證件表示自己是員警，君君已犯法要將君君帶回警局偵辦，君君不懂，雙方是心甘情願的，況且又還沒有進行交易。君君有犯法嗎？

解說

現在的青少年，受到社會風氣的影響，崇尚名牌，有些人無法從家中得到足夠的金錢花用，再加上日劇的影響及性愛觀念的開放，便打起了援助交際的念頭。而隨著網咖的日漸普及，基於網路的匿名性及方便性，很多人便選擇於網路張貼援助交際的訊息來獲得賺錢的機會，也使得援助交際越來越盛行。

援助交際，說穿了其實就是性交易，亦即一方給付金錢，他方提供性服務的契約。而此類契約因違反我國善良風俗，在法律

上屬無效，故雙方發生性關係後，如果嫖客賴帳不給，也沒有辦法透過法院強制對方給錢，而根據調查結果，有高達百分之三十的年輕人認為援交並不犯法，其實援助交際，不僅敗壞社會風氣，有可能衍生愛滋病、墮胎等傷害身體的行為，甚至有可能觸犯法律。

　　為了宣導性行為不得作為交易對象之觀念，並防止非法性交易案件數量增加，「兒童及少年性交易防制條例」第二十九條規定，「凡透過廣告物、網路或電子郵件等方式，散布或刊登促使人為性交易之訊息者，得處五年以下有期徒刑，併科新臺幣一百萬元以下罰金。」處罰相當的重。而從事援交的青少年，有很多不滿十八歲，尋芳客為尋求一時的快樂與十多歲的青少年發生性關係，也將觸犯「刑法」規定，如與未滿十四歲的男或女發生性行為，最高可處十年以下有期徒刑；與十四歲以上，未滿十六歲的男女發生性行為者，最高將處七年以下有期徒刑。若係與十六歲以上，未滿十八歲者發生性行為，依「兒童及少年性交易防制條例」第二十二條第二項規定，行為人最高處一年以下有期徒刑。至於從事援交的青少年，如未滿十八歲，則查獲後必須依法院裁定送往中途學校、收容中心、社會福利機構或寄養家庭安置及接受輔導，青少年一時好奇、疏忽的行為，將受到法律嚴苛的處罰。

　　因此，君君在網路上張貼「援助交際」等文字，因屬足以引誘、媒介、暗示為性交易之訊息，已觸犯「兒童及少年性交易防制條例」中的「散布性交易訊息罪」，依法得處五年以下有期徒刑，雖然還沒進行交易，但君君只要張貼該等訊息即已觸法，警察得

依法將君君逮捕並移送法辦，君君僅得坦承犯行，請求法院從輕發落。

 參考法條

兒童及少年性交易防制條例第十八條、第二十二條、第二十九條、刑法第二百二十七條。

3. 偷拍事件

●案例

　　小鳳是個年輕時髦的女性，這天她穿著性感的迷你裙到捷運站準備搭捷運外出，沒想到在捷運站搭乘電扶梯時，竟有一名男子尾隨在後持手機想偷拍小鳳的裙下風光，當場被見義勇為的站務人員發現並扭送捷運警察隊偵辦，警察清查該名男子的手機相片，發現其共有數十張偷拍的照片，除小鳳外，還有很多不知名的女性也被偷拍，小鳳很生氣，希望警察可以嚴懲這名惡徒，到底這名惡徒會受到什麼處罰？小鳳又可以主張哪些權利呢？

解說

　　社會風氣敗壞，常常有不少色狼出現在大眾運輸工具，利用公車、捷運或公共場所等擁擠處所對女性上下其手，近年來科技發達，數位相機越做越精巧，加上針孔攝影機、手機照相功能的研發，讓這些色狼從早期的偷摸、偷窺行為，漸漸演變到進一步偷拍留存照片賞玩，甚至有集團專業化經營，在各公共場所的廁所、更衣室、旅館等裝置針孔攝影機偷拍並製成光碟販賣，不但嚴重影響社會風氣，甚至造成被害人心靈的創傷。

　　偷拍者，根據「社會秩序維護法」規定，「故意窺視他人臥室、浴室、廁所、更衣室足以妨害其隱私者，得處新臺幣六千元以下

罰鍰。」另外，「刑法」亦規定，「無故利用工具或設備窺視、竊聽他人非公開之活動、言論或談話者；無故以錄音、照相、錄影或電磁紀錄竊錄他人非公開之活動、言論或談話者，得處三年以下有期徒刑、拘役或三萬元以下罰金。」因此，偷拍者以手機、攝影機偷拍他人，就可能構成前述犯罪。如意圖營利供給場所、工具或設備，便利他人為偷拍的行為，或意圖散布、播送、販賣而偷拍者，或明知為偷拍的內容而製造、散布，播送或販賣者，依法均應處五年以下有期徒刑、拘役或科或併科五萬元以下罰金。因該等偷拍的物品屬猥褻物品，如意圖散布、播送、販賣而持有，亦應處二年以下有期徒刑、拘役或科或併科三萬元以下罰金。如果這些猥褻照片、影像的主角未滿十八歲的話，依「兒童及少年性交易防制條例」的規定，應該加重處罰，最重可以判處七年以上有期徒刑，還要併科罰金。

而被偷拍者，因為隱私權受到侵害，依「民法」規定，「不法侵害他人之身體、健康、名譽、自由、信用、隱私、貞操，或不法侵害其他人格法益而情節重大者，被害人雖非財產上之損害，亦得請求賠償相當之金額。」故被偷拍者可請求偷拍者賠償精神上的慰撫金。

因此，案例中該名男子偷拍小鳳，已觸犯「社會秩序維護法」及「刑法」等規定，小鳳可依法向警察提出告訴，請求警察移送偵辦，另外，小鳳的隱私權遭到該名男子侵害，亦可請求該名男子賠償她精神上的慰撫金，如該名男子拒不賠償，小鳳可向法院提出訴訟請求，如法院判決後該名男子仍不履行，小鳳可持判決

書查封拍賣該名男子的財產。

 參考法條

　　社會秩序維護法第八十三條第一款、刑法第二百三十五條、第
三百十五條之一、第三百十五條之二、兒童及少年性交易防制
條例第二十七條、第二十八條、民法第一百九十五條。

4. 配偶外遇事件

●案例

　　麗華與文郎原本是令人稱羨的俊男美女組合，文郎婚後與朋友合資做點小生意，經過幾年的努力，生意越做越大，麗華即辭去工作專心在家照顧小孩，幾年下來，因為一直在家照顧小孩，麗華越來越像黃臉婆，而文郎事業版圖越做越大，越顯發出成熟男子的魅力，兩人因此落差越來越大、話題越來越少，文郎回家的時間也越來越晚。最近從文郎朋友的口中，麗華隱約知道文郎外遇的事情，今天還在文郎手機裡查到不明女子傳給文郎的曖昧簡訊，文郎眼見無法否認，就跟麗華解釋他們只是精神外遇，但憑藉種種蛛絲馬跡，使得麗華無法相信文郎的辯解，如果麗華想要訴請離婚，她該怎麼做呢？

解說

　　依我國法律規定，夫妻互負有貞操的義務，因此，如配偶之一方與他人發生性行為，即構成「刑法」上的通姦罪，依法可處一年以下有期徒刑。而所謂「通姦」，是指有配偶之人與人通姦。因此犯罪主體須為「有配偶之人」，故必須婚姻關係在存續中，如未結婚或已離婚或配偶已死亡者，均不算有配偶的人。又如僅有同居關係，或結婚未具備公開儀式及二人以上證人的要件，縱然

有結婚登記仍不算有配偶的人。而所謂「與人通姦」，係指與配偶以外的第三人和姦而言，如係遭人性侵害，則不算通姦。又通姦罪，除有配偶之行為人應受處罰外，與配偶和姦的第三人，亦觸犯相姦罪，依法亦可處一年以下有期徒刑。

然如屬精神外遇，或電話交友、網交，甚至親吻、愛撫等，因沒有實際性行為的發生，而「刑法」的通姦行為必須有性行為的發生，因此精神外遇、電話交友、網路性愛、親吻、愛撫等，縱使在言語上、精神上有性愛的行為，亦不構成通姦罪。

而通姦須告訴乃論，亦即配偶須於知悉犯人之時起六個月內提出告訴，且配偶如事前縱容或事後宥恕，即不得告訴。又告訴乃論之罪，告訴人得於第一審言詞辯論終結前，撤回告訴，但如對於配偶撤回告訴，其效力不及於相姦人，法院仍須追究相姦人之責任。

而通姦罪之成立，因必須證明行為人有性行為之發生，如僅持有雙方交往的情書、曖昧簡訊等，因不足以證明有性行為的發生，故如僅以該等證據提出告訴，法院判決勝訴之機會不高，不過，除了「抓姦在床」，即以使用過的保險套、衛生紙等直接證據證明通姦行為以外，其實，還可以間接證據來證明有通姦行為的發生，實務上之間接證據如：以人證（親友、鄰里長、管區警員）證明孤男寡女於深夜共處一室或共赴飯店、汽車旅館；以拍攝的現場照片證明兩人衣衫不整、床單、浴室有使用過、同一房間內有男女二人私人物品等，以上開間接證據再以情書、簡訊等證據補強，就能使法官有足夠的心證來推論雙方確有性行為的發生而

成立通姦罪。

　　而礙於通姦證據取得之不易，社會上常見標榜「捉猴」的徵信社，然徵信社素質良莠不齊，如徵信社係以竊聽、偷拍之方式取得電話錄音、通姦影像，將會違反「刑法」的妨害秘密罪及「通訊保障及監察法」之違法監察他人罪，可處五年以下有期徒刑，委託人亦有可能被認定為共犯而同受處罰，且所受處罰比通姦罪還重，因此委託徵信社調查通姦行為，必須注意上開法律限制規定才是。

　　如配偶確有通姦行為，他方依法得向法院請求判決離婚，並得請求損害賠償及贍養費，但必須在知道後六個月內提起，且如有事前同意或事後宥恕或事情發生已超過二年者，即無法以通姦為由請求離婚，而相姦者因構成共同侵權行為，受害之配偶亦得請求相姦人共同連帶賠償損害。

　　因此，案例中麗華懷疑文郎有外遇，僅持有曖昧的簡訊恐不足以證明文郎有通姦行為，麗華必須盡力再去蒐集證據，如握有證據證明文郎確有通姦行為，麗華可對文郎及第三者提出通姦告訴，亦可請求賠償精神上慰撫金，審慎考量後如不想繼續維持婚姻，亦可以文郎通姦為由訴請法院判決離婚，同時請求文郎給付贍養費。

參考法條

　　刑法第二百三十九條、第二百四十五條第一項、第三百十五條

之一、通訊保障及監察法第二十四條、民法第一千零五十二條、第一百八十四條、第一百八十五條、第一百九十五條。

Law about Life

三民出版的法律書籍　您專屬的法律智囊團

和國家打官司——教戰手冊　王泓鑫／著

　　以當代憲政主義的角度而論，國家的萬般施政均受到憲法的拘束，國家的制度與行為，都不能違背國家憲法。如果國家的作為侵害了人民的權利時，該怎麼辦？當代的憲政國家於是設有法院，讓人民的權利在受到國家侵害時，也可以和「國家」打官司，以便獲得補償、救濟、平反的機會。但您知道怎麼和國家打官司嗎？本書作者以深入淺出的方式，教您如何保障自己的權益，打一場漂亮的官司。

網路生活與法律　吳尚昆／著

　　在漫遊網路時，您是不是常對法律問題感到困惑？例如網路上隱私、散播網路病毒、網路援交的刑事規範等等諸多可能的問題，本書以案例故事引導出各個爭點，並用淺顯易懂的文字作解析，破解這些法律難題。更一再強調法律不應成為科技進步與維護公共利益的阻礙，希望能進一步啟發讀者對於網路生活與法律的相關思考。

職業災害勞資權益勝經　周建序／著

　　本書以作者實務處理之經驗，輔以法院實務判決及行政機關見解，分析勞工遭遇職業災（傷）害時應有的權利及雇主應負之責任。由淺入深、精簡易懂、篇篇實用，值得收藏。在民主法治社會裡，法律不保障在權利上睡著的人。本書可作為勞工的救星、雇主的指南針、人事主管的參考書。

生活法律 Q&A　劉昌崙／著

　　人生百態，人與人之間的關係複雜又密切，相對的衝突也明顯增加，當雙方或多方發生衝突時，就必須以法律來解決，才能心服口服。本書乃就生活中常發生的法律問題加以整理，譬如身分證遺失時該怎麼辦？拿到偽鈔時該怎麼辦？如何防範詐騙？夫妻離婚、未成年人的監護權歸屬？碰到銀行委外討債怎麼辦？「人無事一身輕，有事千斤重」，當碰到事情的時候，躲避不是辦法，面對它必須要有法律常識，本書將是您面臨生活中的法律問題時最好的朋友。

獵殺隱私時代——10個讓你失去隱私的理由　錢世傑／著

　　近年來，隱私權的議題在臺灣逐漸開始受到重視，然而在社會整體保障隱私權的機制尚未成熟之前，我們該如何在日常生活中捍衛自身免受不當侵擾的權利呢？本書選擇了金融控股公司客戶資料處理、企業內部網路監控、垃圾電子郵件等十則熱門的議題，以輕鬆的筆調為您說明何為隱私權，您的隱私權在什麼情形下會受到侵害，以及在面臨這些侵害時要如何確保您自身的權益。

房屋租賃　莊守禮／著

　　本書是以淺顯的陳述方式與豐富的內容，為沒正式學過法律的房東及房客編寫而成。生活化、口語化的用詞，針對房屋租賃的種種法律問題，提供了案例解說及解決之道。讓房東及房客們具備趨吉避凶的能力，藉此消弭社會上因租賃關係所生的各種糾紛。

認識生活中的環境法規　葉雲卿／著

　　本書囊括了日常生活中可能面臨的環保議題及法規。為了使讀者對於環保議題有更深一層的認識，本書除介紹相關環保法規外，也簡要介紹每一環保問題所涉及之基本環保常識，及我國環境管理制度。其次，針對民眾可能遭遇的環保問題整理相關法規及法律見解，提供解決與救濟的方式，並檢附相關書狀範例供民眾參考。另外，本書亦探討報章常見的環保新聞所涉及之環保議題，使民眾於閱讀環保新聞時能有更深一層之體認。

消費生活與法律保護　許明德／著

　　俗話說：「吃虧就是佔便宜」，但在消費時吃了悶虧，自認倒楣絕對不是最好的方法！本書深入淺出地為您介紹「消費者保護法」及相關法規，並說明消費爭議的處理方式，讓您充分了解消費者應有的權益，兼具理論與實用，絕對是您保障自身權益的必備寶典！

怎樣保險最保險——認識人身保險契約　簡榮宗／著

　　保險制度具有分散風險、彌補損失以及儲蓄、節稅等功能，可說是現代人所不可或缺的理財及移轉風險方法。本書文字淺顯，並以案例介紹法院對保險契約常見糾紛之見解，相信必能使一般消費者以及保險從業人員對保險契約及法律規定有清楚之了解，對自我權益更有保障。